ARCHIMATHS

Programmes 2016 **CP**

Ce fichier applique les règles de la nouvelle orthographe, comme le recommandent les programmes.
www.renouvo.org

Delphine Dumet
Conseillère pédagogique

Delphine Feid
Professeure des écoles

Séverine Vidal
Auteure jeunesse

Illustrations de **Loïc Méhée**

Directeur d'ouvrage
Christophe Bolsius
Inspecteur de l'Éducation Nationale
Académie de Nancy-Metz

Conseiller en didactique des mathématiques
Thierry Dias
Professeur Formateur à la Haute École
Pédagogique du canton de Vaud (Suisse)

MAGNARD

www.cp.archimaths.magnard.fr

Remerciements

Tout au long de son élaboration, ARCHIMATHS a bénéficié de nombreux conseils de la part d'enseignantes et d'enseignants en classe de CP. Les éditions Magnard les remercient vivement pour ce travail collaboratif.

Delphine AMOUGOU, BOIS-DE-CENE (85) • Caroline ANTUNES, GUJAN-MESTRAS (33) • Benjamin ARASSUS, BOBIGNY (93) • Corinne AZZOPARDI-CHEVALIER, LE MANS (72) • Aude BADUEL, LES TERNES (15) • Sophie BARON, LIBOURNE (33) • Isabelle BECLIN, TOURCOING (59) • Sylvie BERTRAND, MEZE (34) • Marie BEUCHER, LA-FERTE-SAINT-AUBIN (45) • Alexandra BOUREL, BRIGNAIS (69) • Carine BROCQUET, HAZEBROUCK (59) • Emeline BUCCAFURRI, SETE (34) • Linda CARPENTIER, SERQUES (62) • Sandra CARVALHO, NOISY- LE-GRAND (93) • Christine CHABAUD, CELLES-SUR-DUROLLE (63) • Katty CHAMBERLAIN, COMPIEGNE (60) • Alain CHIRON, LA-ROCHE-SUR-YON (85) • Martine CLEMENTE, AGDE (34) • Bernard-Yves COCHAIN, BANASSAC (48) • Marie-Line COUDERC, BOURBON-LANCY (71) • Véronique CRISTO, CHANTENAY-SAINT-IMBERT (58) • Laurence DAVID, VILLEFRANCHE-SUR-SAONE (69) • Cécile DELEGLISE, SAINT-MARTIN-EN-BRESSE (71) • Emilie FALL, BORDEAUX (33) • Marie FERNANDEZ, BARBENTANE (13) • Florence FREYMANN, PISEUX (27) • Nathalie GLÜCK, ELBEUF SUR ANDELLE (76) • Sylvie HUGOT-BOYON, SAINT-SEINE-L'ABBAYE (21) • Stéphanie ISLAND, SEVRAN (93) • Soizic JEGU, GRACE-UZEL (22) • Anne-Marie JOURDAN, NIMES (30) • Ingrid JULLIAN, CRUAS (07) • Vanessa KUEHN, MONDELANGE (57) • Béatrice LANGEVIN, LES LANDES GENUSSON (85) • Aurélie LE GALL, BREUILLET (91) • Sabine LEGROUX, VILLENEUVE-D'ASCQ (59) • Anne-Sophie LENARDUZZI, AUBE (61) • Isabelle LEVIER, SAINT-MAUR-DES-FOSSES (94) • Gwenaëlle MAILLARD, MONTROUGE (92) • Isabelle MANGEON, PONT-A-MOUSSON (54) • Fabrice MAURICE, GUJAN-MESTRAS (33) • Anne-Lise MONDY, OPOUL-PERILLOS (66) • Lara MOUTIER, CONDE-SUR-VESGRE (78) • Christine NABUNSKY, SAINT-AVOLD (57) • Gauthier NACKERS, SOISSONS (02) • Caroline Picard, LIBOURNE (33) • Corinne PERDREAU, CLAYE-SOUILLY(77) • Céline PIOT, BALSIEGES (48) • Anaïs REMY, DRANCY (93) • Stéphanie RENAULD, METZ (57) • Nathalie RENAUT, SAINT-LEU-D'ESSERENT (60) • Léo ROCHE, PARIS (75) • Julia ROUGET, BESSANCOURT (95) • Stéphanie ROULETTE, BARFLEUR (50) • Marilyne SENE, LAMPAUL PLOUARZEL (29) • Véronique SIMONNEAU, SAINT-DENIS-EN-VAL (45) • Françoise SISOIX, TAIN L'HERMITAGE (26) • Cécile SOROSINA, RENNES (35) • Dorothée THOORIS, LILLE (59) • Anne TITRAN, CAMBRAI (59) • Nathalie TREMOULET, LORIENT (56) • Karline VERDIERE, MARCQ-EN-BAROEUL (59) • Carine VIALATTE, BILIEU (38) • Pierre ZIEBEL, METZ (57)

L'équipe d'auteurs et l'éditeur remercient pour leur relecture attentive : Delphine Cuny, Stéphanie Massé, Séverine Robin.

© **Éditions Magnard 2016**, 5 Allée de la 2e D.B., 75015 Paris • ISBN : 978-2-210-50008-2

Avant-propos

ARCHIMATHS est une nouvelle méthode d'enseignement des mathématiques à l'école élémentaire conforme aux programmes en vigueur de la rentrée 2016. Elle vise à installer les apprentissages mathématiques de façon progressive et sereine. **Ainsi, les personnages d'Archi, Lali et Nino, qui vont accompagner les élèves tout au long de l'année, ont été pensés pour créer un environnement favorable à cet enseignement apaisé.**

La référence aux travaux du didacticien Thierry Dias[1] est centrale dans cette méthode, notamment par le rôle déterminant de la **manipulation** et de l'expérience dans la construction des connaissances mathématiques. La **résolution d'énigmes** permet également d'instituer une démarche d'investigation qui contribue elle aussi à la création d'un environnement à la fois stimulant et rassurant, propice aux apprentissages.

À partir de ce cadre didactique général, nous avons décidé de choix innovants, qui ne sont pas pour autant déstabilisants. **La place de la manipulation est réaffirmée** comme préalable au raisonnement et à la conceptualisation. Toutes les leçons s'inscrivent autant que possible dans un **contexte proche de celui de l'élève** afin de construire des **connaissances stables et adaptées**.

Un environnement motivant construit par périodes

En début de chaque période, une situation de recherche initiale, **En route pour l'aventure**, propose deux **défis** sous forme d'histoires afin de susciter chez les élèves le **gout du raisonnement**. Les personnages servent la dimension narrative de ces défis tout en représentant la diversité des démarches et des attitudes face à la résolution de questions mathématiques. Une **version vidéo**, en accès direct depuis le fichier, facilite l'**animation de cette phase collective**.

Chaque période prévoit également des révisions **« Je m'entraine »**, des **« Bilans »** et se clôture par des **« Jeux mathématiques »** permettant de transférer les connaissances dans un contexte ludique.

La résolution de problèmes et le calcul mental

Cette situation d'ouverture de période est renforcée par une **pratique régulière et programmée de la résolution de problèmes**. ARCHIMATHS présente des problèmes arithmétiques mais aussi quelques **stratégies de résolution** de problèmes.

Le **calcul mental** est conçu de façon à entrainer les élèves à **travailler sur les nombres**, une fois les manipulations et les apprentissages réalisés. La connaissance des résultats des **tables d'addition** et l'appropriation de **stratégies de calcul réfléchi** efficaces sont des points saillants des programmes et une attention toute particulière y est portée.

Un dispositif complet

Les pratiques d'enseignement habituelles ne sont pas oubliées. Des **rituels évolutifs** jalonnent l'année de CP et sont explicités dans le ***Guide pédagogique avec CD-Rom*** accompagnant la méthode. Ce guide met aussi à votre disposition des fiches personnalisables, **« Entrainement différencié »**, **« Évaluations »** et **« Matériel »**, pour vous permettre d'adapter au mieux la construction des connaissances.

Nous souhaitons qu'ARCHIMATHS réponde à vos attentes et accompagne vos élèves au plus près de leurs besoins afin de leur permettre **d'aimer « faire des maths »** !

Les auteurs

1. Professeur à la Haute École Pédagogique du canton de Vaud, Thierry Dias a reçu en 2015 le prix du *Best Science Teacher* pour un projet axé sur la manipulation. Il est l'auteur de *Nous sommes tous des mathématiciens, Des clés pour faire aimer les maths à vos élèves* (Magnard, 2015).

Sommaire

Nombres et calculs
Espace et géométrie
Grandeurs et mesures

PÉRIODE 4

PÉRIODE 5

Progression par domaine

Nombres et calculs

Archi

L'ami de Nino et Lali

✔ Gourmand, maladroit, très généreux et plein d'humour !

Nino

✔ Rêveur et observateur.
✔ Préfère réfléchir avant d'agir.

Lali

✔ Aime bien l'aventure et l'action.
✔ Toujours partante pour relever les défis.

EN ROUTE POUR

lienmini.fr/archicp1

Défi 1 *Dénombrer des collections*

L'AVENTURE !

lienmini.fr/archicp2

Défi 2 *Dénombrer et comparer des collections*

Trophée

1 Dénombrer des collections de 1 à 5 objets

CALCUL MENTAL
Faire énoncer chaque nombre en pointant la file numérique (dans l'ordre, puis à rebours).

1 – 2 – 3 – 4 – 5

1 **Relie** chaque collection de Nino au bon nombre.

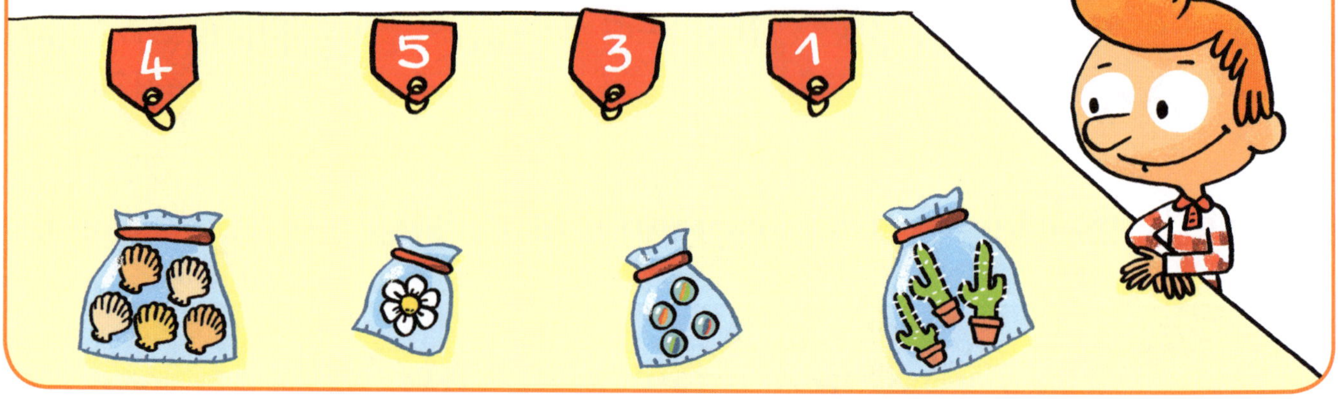

2 **Dessine** le bon nombre de ronds.

5

3

4

3 **Relie.**

5

3

4

2

4 **Colorie** de la même couleur ce qui indique le même nombre.

5 **Colorie** le bon nombre de doigts.

Compétence : Dénombrer, constituer des collections.

2 Plus de, moins de, autant de

CALCUL MENTAL
Énoncer les nombres de 1 à 5 dans le désordre.
→ Faire écrire chaque nombre.

....	....	....	....	....

1

Relie chaque enfant à une carte.

Colorie la bonne réponse.

Il y a [moins de / autant de / plus de]  que de  .

2

Entoure la boite où il y a le moins de chocolats.

Entoure le vase où il y a le plus de fleurs.

3

Observe ces billes. 

Dessine :

moins de billes	**autant de** billes	**plus de** billes

4

Observe la tour de cubes.

Entoure la boite qui a autant de cubes que la tour.

5

Écris le nombre d'objets.

 ......

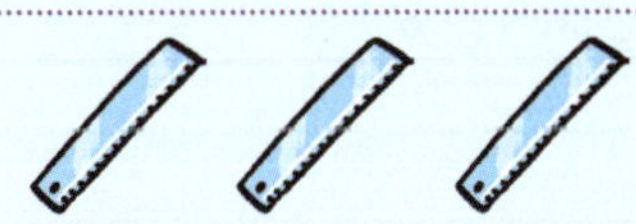 ......

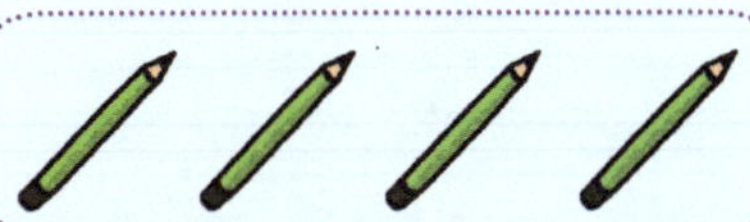 ......

3 Devant, derrière, entre

CALCUL MENTAL
Faire écrire le nombre de doigts montrés (entre 1 et 5).

....

1 **Relie.**

est devant . | est derrière . | est entre et .

2 **Dessine** un ballon devant Lali.

3 **Colorie** la voiture derrière la voiture verte.

4 **Colorie** la bonne réponse.

1	2	3	4	5

4 est entre 1 et 3. oui non

3 est entre 2 et 4. oui non

5 **Observe** ces croix. ✕ ✕ ✕ **Dessine :**

moins de croix	**autant de** croix	**plus de** croix

Compétence : Situer des objets ou des personnes les uns par rapport aux autres ou par rapport à d'autres repères.

4 Sur, sous, au-dessus, en dessous

CALCUL MENTAL
Énoncer deux nombres (ex. : 1-4).
➔ Faire écrire le 2e nombre.

....

1 **Colorie** la bonne réponse.

est | au-dessus | en dessous | de

est | sur | sous | le

est | sur | sous | la

2 **Entoure** la bonne réponse.

Le est au-dessus des . oui non

Les sont au-dessus des . oui non

Le est sous les . oui non

3 **Colorie** les ▭ de la bonne couleur.

Le ▭ est en dessous du ▭ et au-dessus du ▭ .

Le ▭ est au-dessus du ▭ .

Le ▭ est en dessous du ▭ .

Compétence : Situer des objets ou des personnes les uns par rapport aux autres ou par rapport à d'autres repères.

5 Dénombrer des collections de 1 à 9 objets

CALCUL MENTAL
Énoncer deux nombres entre 1 et 5.
➔ Faire écrire le plus grand.

....

1 Colorie le nombre qui convient.

2 Dessine le bon nombre de croix.

3 Relie.

7

9

6

8

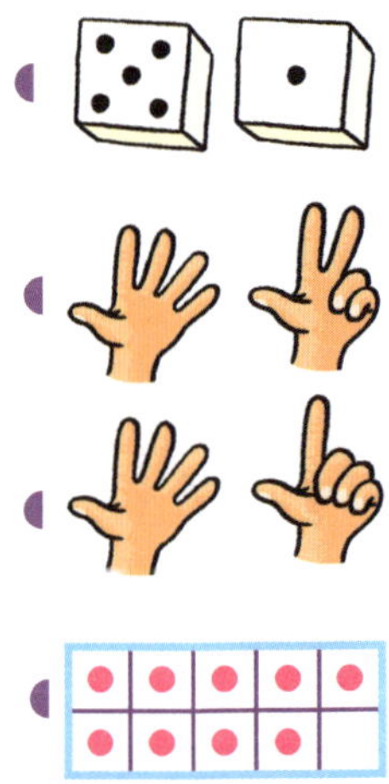

4 Écris le nombre d'objets.

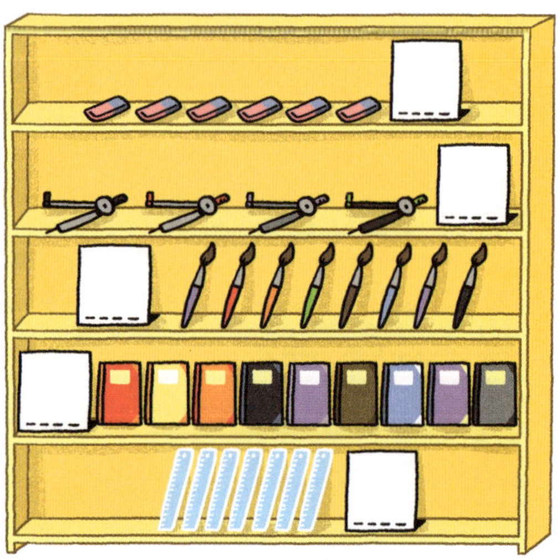

5 Entoure un enfant derrière Archi.

Compétence : Dénombrer, constituer des collections.

6 Constituer des collections de 1 à 9 objets

CALCUL MENTAL
Dicter des nombres entre 1 et 9.
→ Faire écrire le nombre.

....

1 **Entoure** le bon nombre de bougies pour chaque gâteau.

2 **Complète** pour faire des tours de 6 cubes.

3 **Dessine** les billes qui manquent.

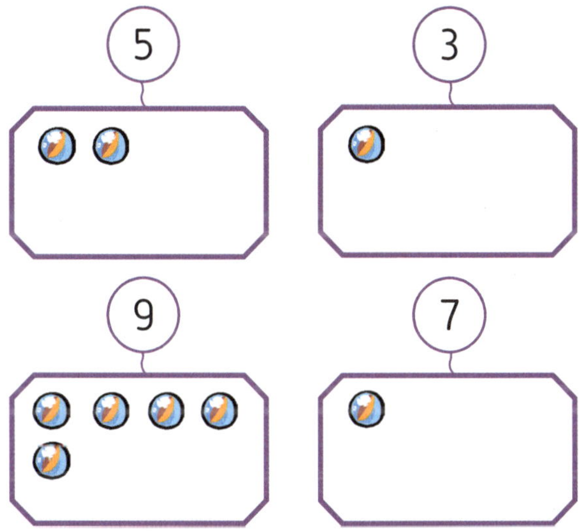

4 **Colorie** le bon nombre de points ou de doigts.

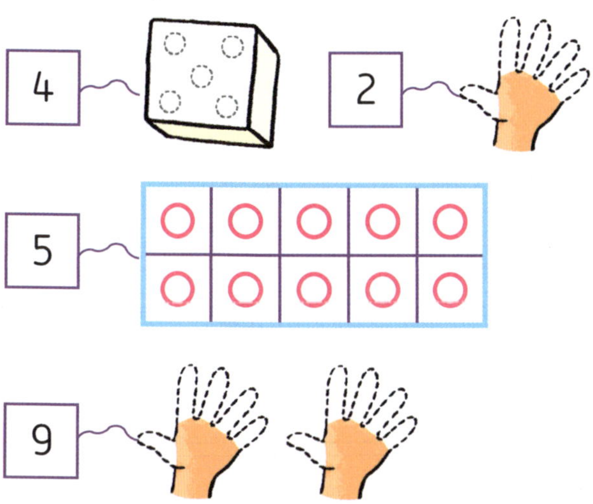

5 **Dessine** :
un rond **entre** les pommes ;
une croix **au-dessus** de chaque pot.

7 Comparer, ranger, ordonner les nombres jusqu'à 9

CALCUL MENTAL
Faire écrire le nombre de doigts montrés (entre 1 et 6).

....

1 Aide Archi à étendre les mouchoirs. **Écris** les nombres du plus petit au plus grand.

2 **Entoure** le nombre le plus grand.

5 9 | 8 4

4 8 5

9 7 6

3 1 7

3 **Range** les nombres du plus petit au plus grand.

7 3 5 6 4 9 8

3 — ..... — ..... — ..... — ..... — ..... — .....

4 **Barre** le canard qui n'est pas à sa place.

5 **Relie.**

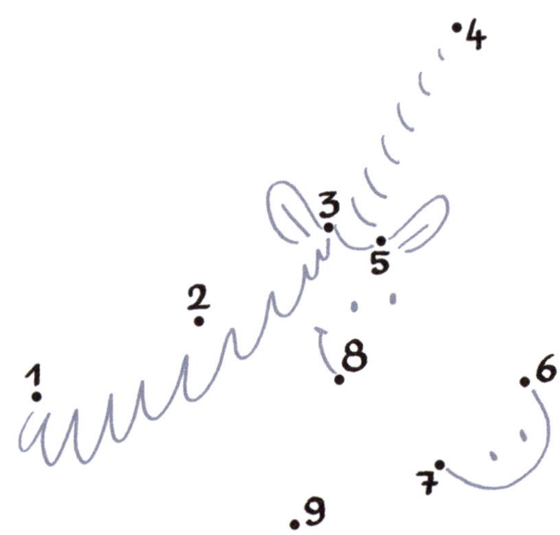

Compétence : Comparer, ranger, ordonner des nombres entiers.

8 Situations d'addition

CALCUL MENTAL
Dicter des nombres entre 1 et 9.

………… ………… ………… ………… …………

1 **Complète.**

Il y a …….. oranges en tout.

Il y a …….. verres en tout.

2 **Complète.**

Il y a …….. poissons en tout.

Il y a …….. animaux en tout.

3 **Complète** avec le bon nombre d'enfants.

3 ……

En tout : ……

Il y a …….. enfants en tout.

4 **Dessine** :

– **moins de** verres que d'assiettes.

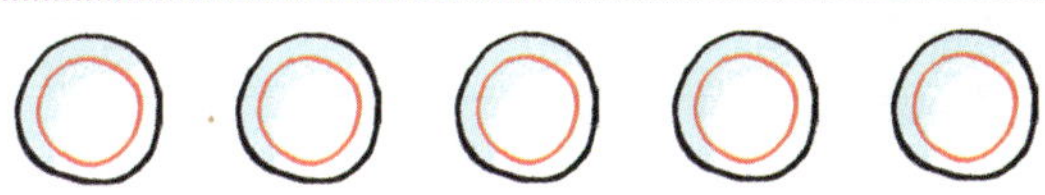

– **autant de** fleurs que de papillons.

9 L'addition, le symbole +

CALCUL MENTAL
Énoncer un nombre.
➔ Faire écrire le nombre qui suit.

| .... | .... | .... | .... | .... |

1 Complète.

...... + ... œufs

...... + ... mures

...... + ... gâteaux

2 Complète.

...... + ... moineaux

...... + ... fleurs

3 Dessine :

4 + 3 craies

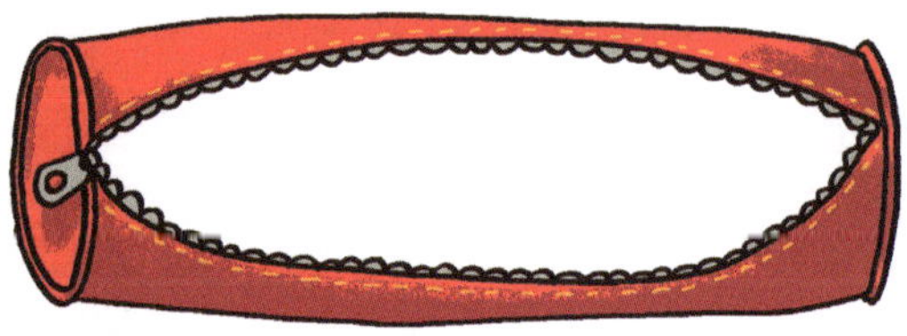

5 + 4 gommes

3 + 6 oiseaux

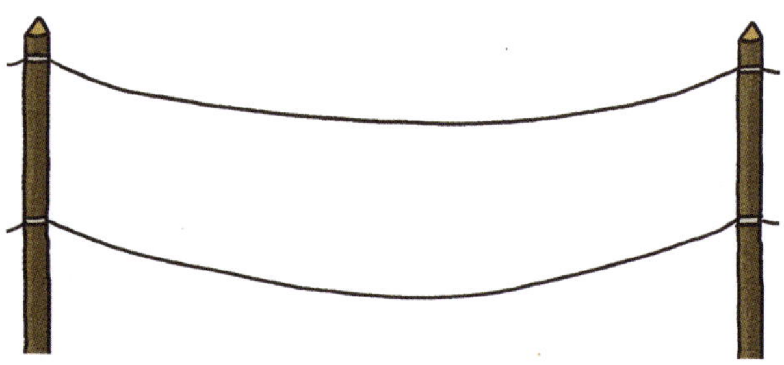

2 + 4 souris

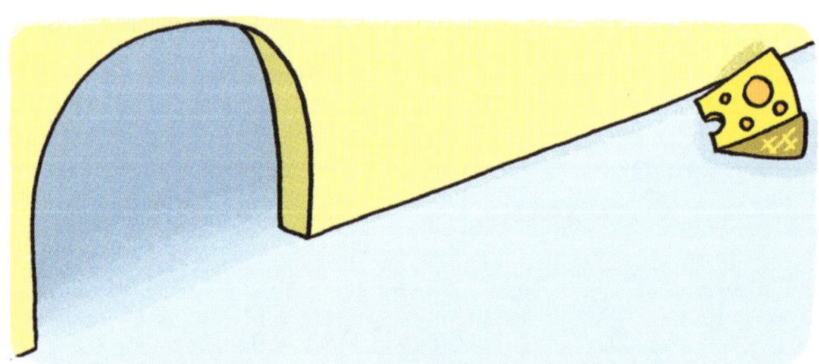

Compétence : Comprendre le sens du symbole +.

10 Utiliser la règle pour tracer (1)

CALCUL MENTAL
Énoncer un nombre.
➔ Faire écrire le nombre précédent.

....

1 Aide Archi à reproduire son joli dessin. **Trace** en suivant les pointillés.

2 **Trace** en reliant les points.

3 **Trace** en reliant les points.

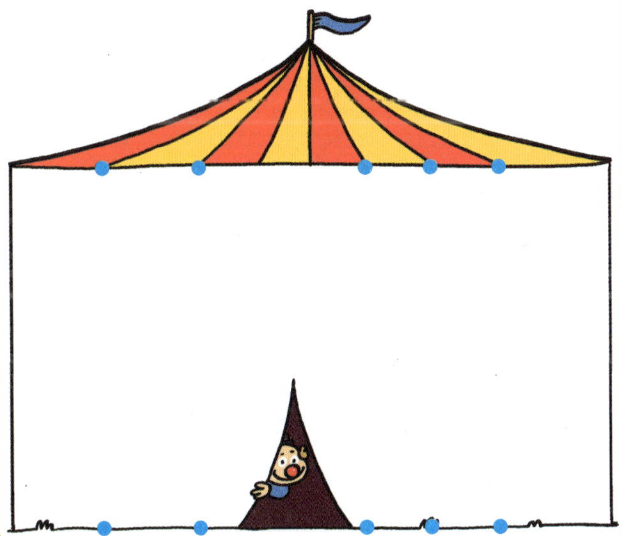

4 **Continue** la frise en reliant les points de la même couleur.

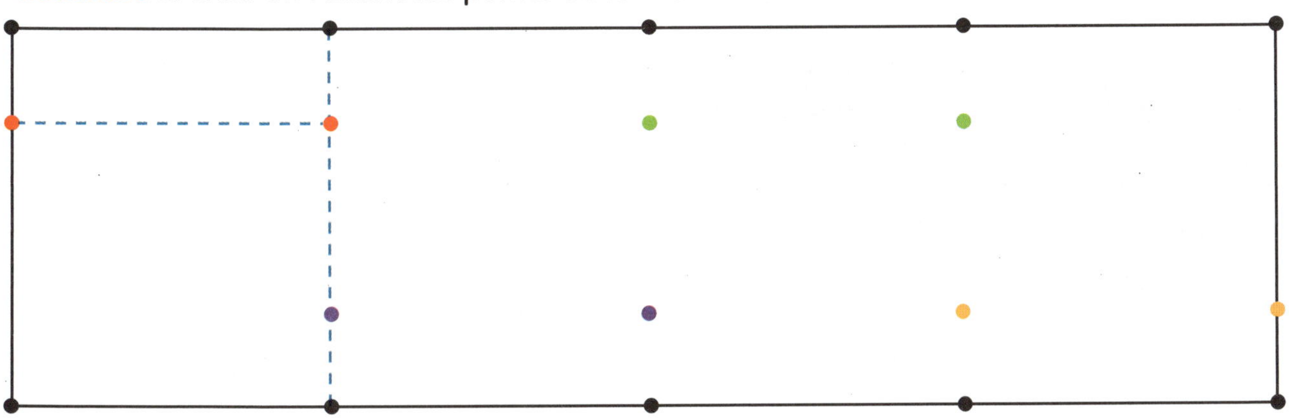

Compétence : Utiliser la règle comme instrument de tracé.

11 JE M'ENTRAINE (1)

1 **Écris** le nombre d'étoiles.

- ...... — ✳ ✳ ✳ ✳ ✳
- ...... — ✳ ✳ ✳
- ...... — ✳ ✳ ✳ ✳ ✳ ✳ ✳ ✳
- ...... — ✳ ✳ ✳ ✳ ✳ ✳

2 **Complète** ou **entoure** pour avoir le bon nombre de points.

- 7 — ● ● ● ● ● ● ● ● ●
- 4 — ● ● ● ● ● ●
- 9 — ● ● ● ●

3 **Observe** ces billes . **Dessine** :

moins de billes	**plus de** billes	**autant de** billes

4 **Complète**.

...... + ... *pommes*

...... + ... *jouets*

5 **Relie** en traçant les traits à la règle.

2 •	• 
7 •	• 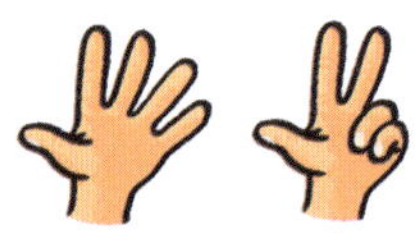
4 •	• 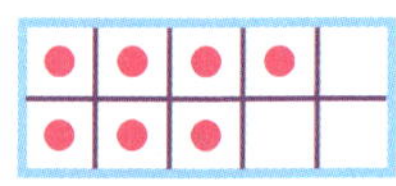
8 •	• 

6 **Colorie** le plus petit nombre.

2	5	7
8	4	9

12 Le répertoire additif jusqu'à 5

CALCUL MENTAL
Montrer les doigts sur deux mains.
→ Faire écrire l'addition correspondante.

....	....	....	....	....

1 **Relie** chaque table au bon personnage.

2 **Dessine** ce qui manque et **complète** le calcul.

Il faut 3 ballons.

2 + ...

Il faut 5 bagues.

3 + ...

Il faut 5 jetons.

4 + ...

3 **Complète.**

3	5	2	4
1 + ...	...... + 3	0 + ...	2 + ...

4 **Complète** le nombre de croix et **écris** le nombre qui manque.

2	5	6	.....	9
	✗ ✗	✗	✗ ✗ ✗ ✗ ✗ ✗ ✗	

13 Comprendre le sens de = et ≠

CALCUL MENTAL
Énoncer des additions (3 + 2).
➔ Faire écrire le résultat.

…………	…………	…………	…………	…………

1 **Complète.**

...... = ... + ...

...... + ... = ...

...... = ... + ...

2 **Complète** avec **=** ou **≠**.

4 + 2 ○ 5

7 + 1 ○ 6

7 ○ 4 + 3

3 Combien de billes ? **Complète.**

...... + ... = ...

...... + ... = ...

Combien de fruits ? **Complète.**

...... + ... = ...

4 **Trace** en suivant les pointillés.

Compétence : Comprendre le sens des symboles = et ≠.

14 Décomposer le nombre 6

CALCUL MENTAL
Énoncer des phrases du type :
Vous avez 2, combien faut-il pour aller à 4 ?

....

1 **Entoure** les enfants qui font 6 avec leurs mains.

2 **Dessine** et **complète** les calculs pour faire 6.

4 + ... = 6

3 + ... = 6

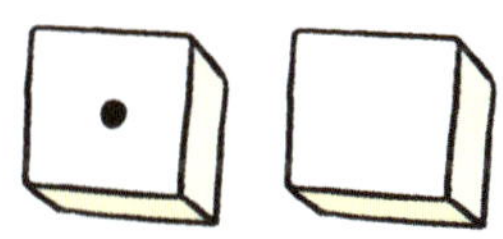

1 + ... = 6

3 Six enfants jouent ensemble. Combien sont cachés ? **Complète**.

Il y a .... enfants cachés car

...... + ... = 6.

Il y a .... enfants cachés car

...... + ... = 6.

4 **Complète** la maison du 6.

5 **Colorie** comme l'exemple.

cinq 5 trois 2

quatre 3 4 deux 6

six

15 Décomposer le nombre 7

CALCUL MENTAL
Énoncer des additions dont le résultat est 6.

....

1 **Entoure** les groupes d'enfants qui font 7.

2 **Entoure** pour faire 7 et **complète** les calculs.

...... + ... = 7

...... + ... = 7

...... + ... = 7

3 Nino a 7 cerises. Combien en cache-t-il dans son chapeau ?

Nino cache .... cerises car

...... + ... = 7.

4 **Complète** la maison du 7.

5 Combien comptes-tu de poissons ? ...... De tortues ? ......

Compétence : Mémoriser des faits numériques.

16 Apprendre à chercher

CALCUL MENTAL
Énoncer des additions dont le résultat est 7.

....	....	....	....	....

1 Sur le parking, il y a 2 voitures garées. 5 autres voitures viennent se garer.
Combien y a-t-il de voitures sur le parking ?

Il y a .... voitures sur le parking.

2 La maitresse avait une boite de 6 feutres. Elle a jeté 2 feutres car ils ne fonctionnaient plus.
Combien de feutres la maitresse a-t-elle maintenant ?

La maitresse a .... feutres.

3 Pour la séance de sport, Nino et Lali se partagent 8 balles. Ils en veulent autant chacun.
Combien de balles a Lali ? Combien de balles a Nino ?

Lali a .... balles et Nino a .... balles.

4 Pour construire sa tour, Lali prend 3 cubes bleus, 2 cubes verts et 3 cubes jaunes.
Combien a-t-elle pris de cubes?

Lali a pris .... cubes.

17 Droite, gauche

CALCUL MENTAL
Énoncer des additions du répertoire additif jusqu'à 7.

....

1 Archi se promène.
Qui va-t-il rencontrer ?

Colorie le chemin et **entoure** le personnage.

Voici le chemin qu'il suit :

droite • gauche • gauche • droite

2 **Entoure** :

la chaussure de gauche

la moufle de droite

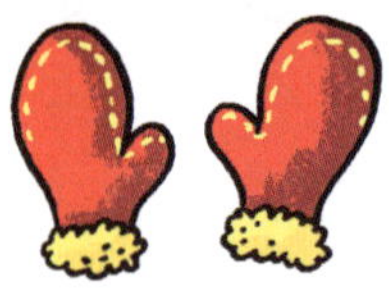

3 **Dessine** une maison à droite de la rue et une fleur à gauche.

4 **Colorie** les objets qui sont dans la main droite des enfants.

5 **Relie** chaque étiquette au résultat qui correspond.

6 7

3 + 3 5 + 2 1 + 6 7 + 0 2 + 4 5 + 1

Compétence : Situer des objets ou des personnes les uns par rapport aux autres ou par rapport à d'autres repères.

18 Itérer une suite de 1 en 1

CALCUL MENTAL
Énoncer des phrases du type :
Vous avez 2, combien faut-il pour aller à 6 ?

....	....	....	....	....

1 Archi a nettoyé les portemanteaux de l'école, mais des nombres se sont effacés !
Aide-le : **écris** les nombres qui manquent.

+1 +1 +1 +1 +1 +1 +1 +1

1	......	3	......	......	6	7	......	......

2 **Complète.**

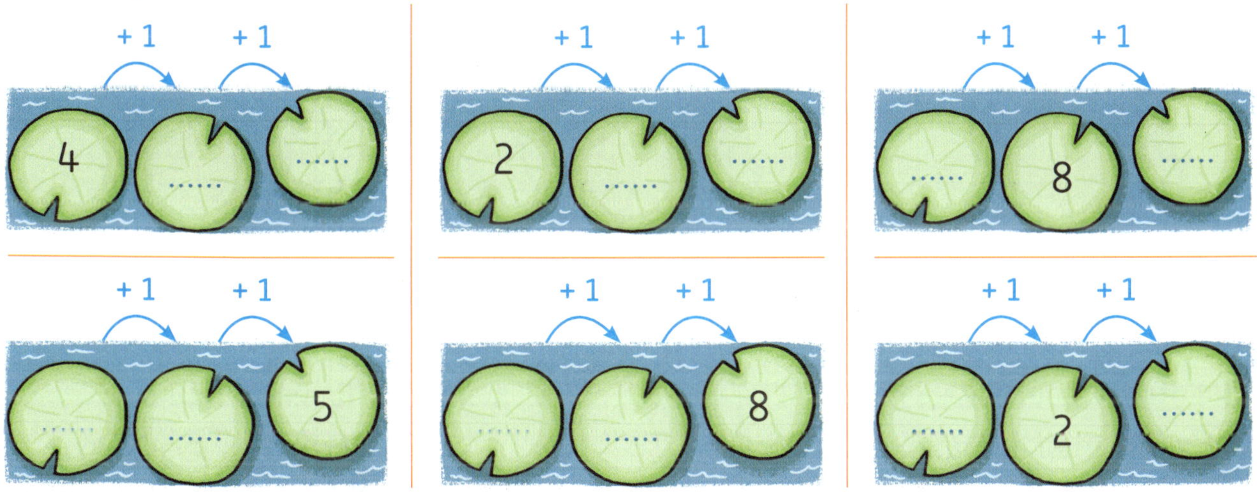

3 **Colorie** de la même couleur les cases nombres et les étiquettes.

1	2	3	4	5	6	7	8	9

4 + 1   1 + 7   5 + 1   2 + 1   1 + 6   1 + 3

4 **Dessine** la route de chaque animal.

 gauche

 droite

 gauche

19 Décomposer le nombre 8

CALCUL MENTAL
Faire écrire le nombre *à droite* de 2, *entre* 1 et 3, etc.

....

1 **Colorie** quand il y a 8 jetons.

2 Il y a 8 étoiles. Combien d'étoiles cache la fée ? **Complète** les calculs.

4 + ... = 8

...... + ... = 8

...... + ... = 8

3 **Entoure** pour faire 8 et **complète** l'opération.

...... + ... = 8

...... + ... = 8

4 **Complète** la maison du 8.

5 Dans l'équipe de foot, il y a 4 filles et 3 garçons. **Combien y a-t-il d'enfants ?**

Il y a ...... *enfants en tout.*

Compétence : Mémoriser des faits numériques.

20 Décomposer le nombre 9

CALCUL MENTAL
Énoncer des additions dont le résultat est 8.

....	....	....	....	....

1 **Colorie** ce qui fait 9.

2 Il y a 9 habitants. Combien sont cachés ? **Complète** les calculs.

3 + ... = 9

...... + ... = 9

...... + ... = 9

3 **Complète** la maison du 9.

9	
9 + 0	0 + ...
8 + 1	1 + ...
7 + 2	2 + ...
6 + 3	3 + ...
5 + 4	4 + ...

4 **Colorie** comme l'exemple.

6 — neuf — 7 — huit — quatre — six — cinq — 9 — 5 — 8 — 4 — sept

21 Avancer sur une file numérique

CALCUL MENTAL
Énoncer des additions dont le résultat est 9.

....

1 **Colorie** l'intérieur du cerceau dans lequel chaque enfant va arriver.

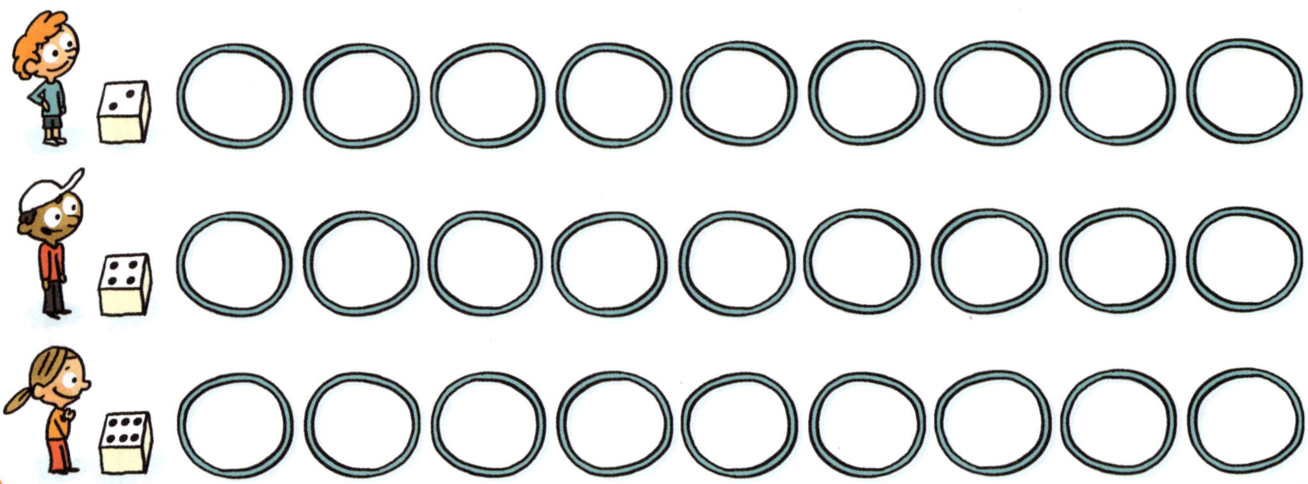

2 **Relie** comme dans l'exemple.

1 2 3 4 — 4 5 6 7 — 3 4 5 6 7 — 4 5 6 7

1 + 2 = 3 — 3 + 4 = 7 — 4 + 3 = 7 — 5 + 1 = 6

3 **Complète** les additions.

1 2 3 4 5 — 2 + 2 = ...

1 2 3 4 5 — 1 + 3 = ...

3 4 5 6 7 — 4 + 1 = ...

4 **Complète** les additions et **colorie** la case d'arrivée.

1 2 3 4 5 6 7

2 + ... = ...

1 2 3 4 5 6

1 + ... = ...

5 **Trace** l'étoile en reliant les points de la même couleur.

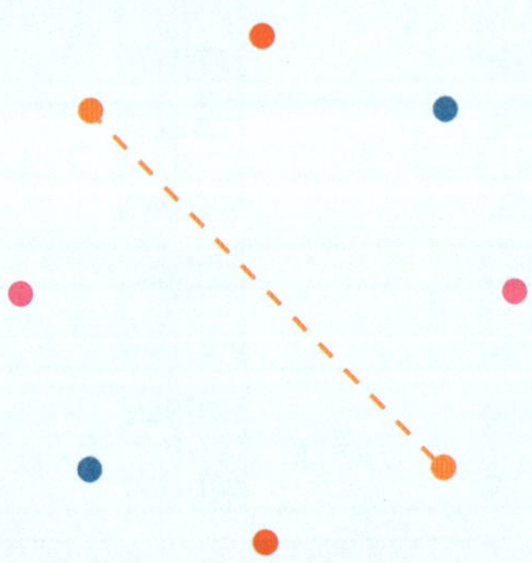

Compétence : Repérer un rang ou une position dans une file ou sur une piste.

22 JE M'ENTRAINE (2)

1 **Complète.**

...... + ... = ...

...... + ... = ...

...... + ... = ...

2 **Complète** avec **=** ou **≠**.

6 + 2 ◯ 7

7 ◯ 4 + 3

3 **Colorie** les coffres qui sont dans la main droite des pirates.

4 **Entoure** en **rouge** ce qui fait 8 et en **bleu** ce qui fait 6.

8 + 0

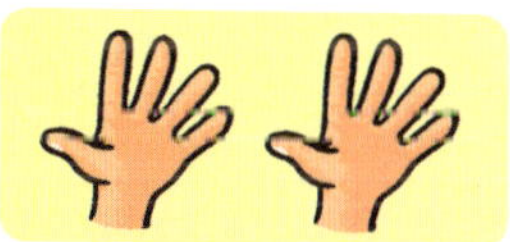

3 + 3

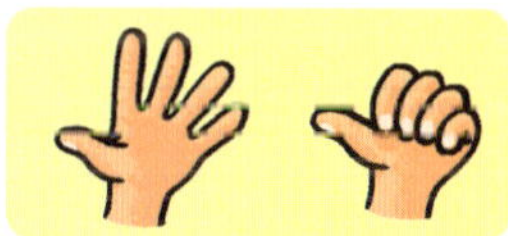

4 + 4

5 **Complète** les suites de nombres.

6 – ...... – ......

...... – 5 – ......

...... – ...... – 7

7 – ...... – ......

6 Nino dessine 5 bonhommes. Puis, il dessine 4 autres bonhommes.
Combien de bonhommes a-t-il dessiné en tout ?

Nino a dessiné .... bonhommes.

23 Les nombres ordinaux jusqu'à 9

CALCUL MENTAL
Énoncer des phrases du type :
Vous avez 7, combien faut-il pour aller à 9 ?

....

1 Le nouvel ami d'Archi veut être élégant pour la fête du parc. **Colorie** ses écailles en respectant le code.

- 2e
- 4e
- 5e
- 6e

2 **Écris** l'ordre d'arrivée des nageurs.

1er
...... e
...... e
...... e
...... e

3 **Entoure** la 1re lettre.

D R A G O N

Écris la position des lettres :

G	O	A
......e	......e	......e

4 **Colorie** selon le code les étages de l'immeuble.

- 3e
- 5e
- 6e

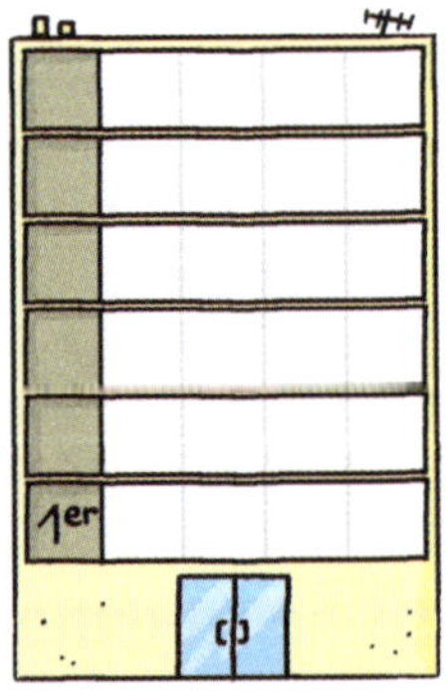

5 **Colorie** en **rouge** les calculs qui font **6** et en **vert** les calculs qui font **8**.

5 + 1	4 + 4	5 + 3	5 + 4	1 + 5	4 + 2
3 + 5	7 + 1	1 + 6	3 + 3	6 + 0	6 + 2

Compétence : Repérer un rang ou une position dans une file ou sur une piste.

24 Résoudre des problèmes : l'addition

CALCUL MENTAL
Énoncer des devinettes du type :
Je suis sur la case 6, j'avance de 3 cases. Sur quelle case vais-je arriver ?

………… ………… ………… ………… …………

1 Pour l'anniversaire d'Archi, Nino et Lali ont cueilli ces fleurs.
Combien de fleurs jaunes Archi aura-t-il ?

Je dessine ou je schématise :

Je calcule : ……………………………

Je réponds :

Archi aura …….. fleurs jaunes.

2 Nino reçoit des camarades chez lui. 6 camarades sont arrivés et 3 sont en retard.
Combien Nino a-t-il invité de camarades ?

Je dessine ou je schématise :

Je calcule : ……………………………

Je réponds :

Nino a invité …….. camarades.

3 Au jeu de l'oie, Lali est sur la case 2. Son dé affiche 6.
Sur quelle case va-t-elle arriver ?

Je dessine ou je schématise :

Je calcule : ……………………………

Je réponds :

Lali arrive sur la case ……..

Leçons 1 à 24

BILAN

1 — Dénombrer des collections.

Complète.

 ......

 ......

 ......

2 — Constituer des collections.

Entoure 4 marrons.

Entoure 7 marrons.

3 — Comparer des nombres entiers.

Entoure le plus grand nombre.

3 7

Entoure le plus petit nombre.

6 2

4 — Ranger des nombres entiers.

Écris les nombres du plus petit au plus grand.

5	1	9	4
1	......	......	......

5 — Mémoriser des faits numériques.

Colorie ce qui fait 8.

4 + 4 5 + 2

3 + 5 6 + 2

6 — Mémoriser des faits numériques.

Colorie ce qui fait 9.

3 + 6 5 + 4

2 + 2 4 + 2

7 — Résoudre un problème.

Archi a ramassé 4 noix. Puis il en a ramassé 3 autres.
Combien a-t-il de noix en tout ?

Archi a .... noix en tout.

8

Repérer un rang dans une file.

Entoure en **rouge** le coureur qui arrive 1er. **Entoure** en **vert** le coureur qui arrive 3e.

9

Situer des objets les uns par rapport aux autres.

Entoure la bonne carte.

Le cœur est **au-dessus** du trait.

Le soleil est **devant** le nuage.

10

Situer des objets les uns par rapport aux autres.

Entoure : le papillon de droite

le poisson de gauche

11

Utiliser la règle comme instrument de tracé.

Trace les traits en pointillés à la règle.

26 JEUX MATHÉMATIQUES

Cherche l'erreur Colorie les cinq cartes qui contiennent des erreurs.

À toi de jouer ! Complète les cartes.

La bonne paire Dans chaque paire, complète la carte vide pour faire 9.

Deux par deux Relie une carte noire et une carte rouge pour faire 7 ou 9.

Cache-cache de cartes Combien de cartes comptes-tu ? ....

Suites logiques Poursuis les suites en ajoutant les nombres en noir ou en rouge.

EN ROUTE POUR

lienmini.fr/archicp3

Défi 3 *Effectuer des groupements, puis des échanges*

L'AVENTURE !

PÉRIODE 2

lienmini.fr/archicp4

Défi 4 *Additionner, soustraire*

27 Connaitre le nombre 10

CALCUL MENTAL
Montrer des collections inférieures à 9. ➔ Faire écrire la quantité correspondante.

....

1 Aide Archi à rejoindre la cabane : **colorie** les cases qui font 10.

2 **Entoure** pour faire 10.

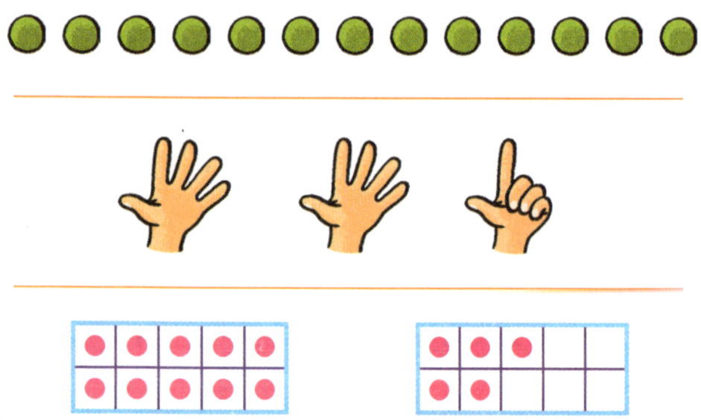

3 **Complète** pour faire 10.

4 **Entoure** un paquet de 10 objets identiques quand tu peux.

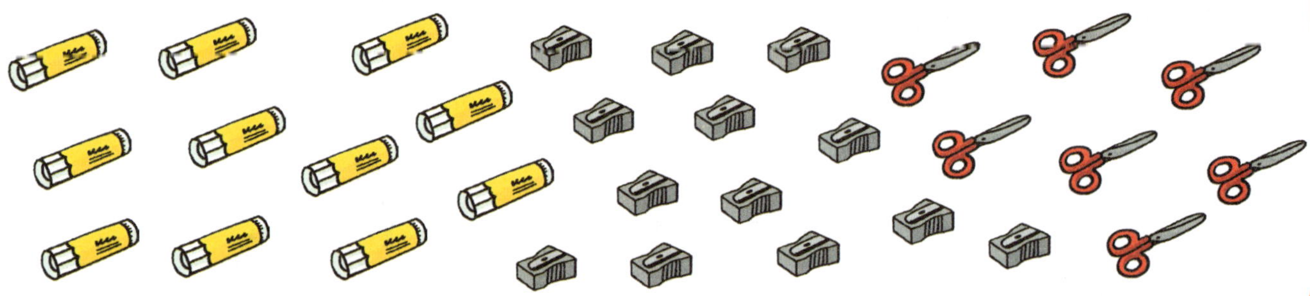

5 Je suis sur la case 7, de combien de cases dois-je avancer pour arriver sur la case 10 ?

1	2	3	4	5	6	7	8	9	10

Je dois avancer de ...... *cases.*

Compétence : Dénombrer, constituer des collections. Utiliser diverses représentations du nombre.

28 Décomposer le nombre 10

CALCUL MENTAL
Montrer des collections inférieures à 10. → Faire écrire la quantité correspondante.

....	....	....	....	....

1 **Dessine** ce qui manque pour faire 10 et **complète** le calcul.

4 + ... = 10 7 + ... = 10 5 + ... = 10 3 + ... = 10 8 + ... = 10

2 Il y a 10 oiseaux. Combien sont cachés dans l'arbre ? **Complète**.

7 + ... = 10

.... *oiseaux sont cachés.*

...... + ... = 10

.... *oiseaux sont cachés.*

...... + ... = 10

.... *oiseaux sont cachés.*

3 **Entoure** 2 balles pour faire 10.

5, 6, 4	2, 7, 8
9, 2, 1	5, 5, 4

4 **Complète** la maison du 10.

5 **Écris** le nombre qui vient juste avant et juste après.

......	4	......	......	9	......	......	2	......	......	6	......

Compétence : Mémoriser des faits numériques.

29 Utiliser la règle pour tracer (2)

CALCUL MENTAL
Énoncer des additions dont le résultat est 10.

....

1 **Termine** le dessin de Nino en t'aidant du quadrillage.

2 **Relie** les points de la même couleur pour tracer les guirlandes.

3 **Termine** le motif sur les gants et l'écharpe.

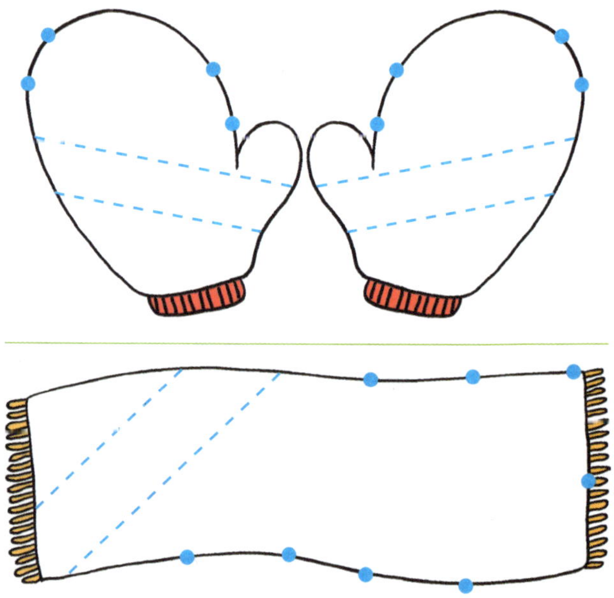

4 **Continue** la frise.

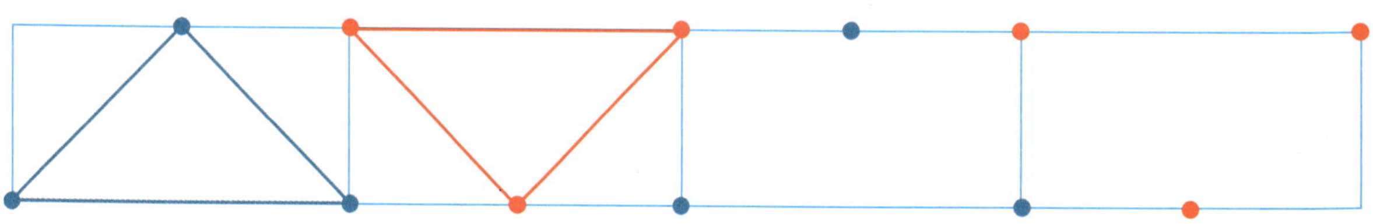

Compétence : Utiliser la règle comme instrument de tracé.

30 Les doubles jusqu'à 5 + 5

CALCUL MENTAL
Énoncer des décompositions additives des nombres de 6 à 10.

....

1 **Colorie** le bon nombre de doigts pour faire un double. **Complète** le calcul.

3 + ... = ... 2 + ... = ... 5 + ... = ... 4 + ... = ...

2 **Colorie** de la même couleur les dés et le double qui correspond.

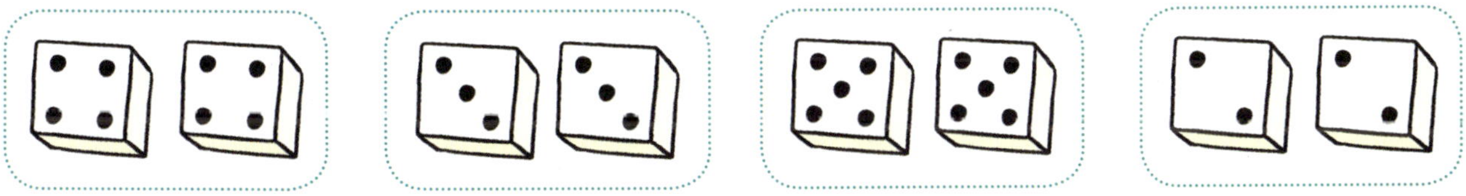

double de 4 double de 2 double de 3 double de 5

3 **Colorie** la bonne carte.

double de 1 double de 5 double de 3

4 Nino a 4 cartes. Lali en a le double.
Dessine les cartes de Lali.

5 **Entoure** 10 pierres précieuses en **bleu** et 7 pierres en **vert**.

31 Le répertoire additif jusqu'à 10

CALCUL MENTAL
Énoncer des décompositions additives jusqu'à 10.

....

1 Archi a un gros rhume, il vient d'éternuer en pleine partie de cartes.
Aide les enfants à remettre de l'ordre : **entoure** tout ce qui fait 10.

2 **Entoure** 2 cartes ou 2 balles pour obtenir le nombre de la cible et **complète**.

Cible	Cartes	Balles
6	5 2 1 ...... + ... = 6	3 4 3 ...... + ... = 6
5	1 4 3 ...... + ... = ...	1 3 2 ...... + ... = ...
7	4 2 3 ...... + ... = ...	2 1 5 ...... + ... = ...

3 **Complète** la première opération, puis trouve un autre calcul.

6 = 3 + ...	6 = ... + ...
7 = 4 + ...	7 = ... + ...
9 = ... + 5	9 = ... + ...
10 = 6 + ...	10 = ... + ...

4 Combien Plume doit-il encore trouver de pierres précieuses pour en avoir 10 ?

Plume doit trouver ...... *pierres.*

Compétence : Mémoriser des faits numériques.

32 Découvrir les pièces et les billets (5 € et 10 €)

CALCUL MENTAL
Énoncer des décompositions additives jusqu'à 10.

.... | .... | .... | .... | ....

1 Relie chaque somme au panier correspondant.

2 Écris la somme contenue dans chaque portemonnaie.

...... €

...... €

...... €

3 Entoure ce qui est nécessaire pour acheter les objets.

4 Colorie de la même couleur les sommes identiques.

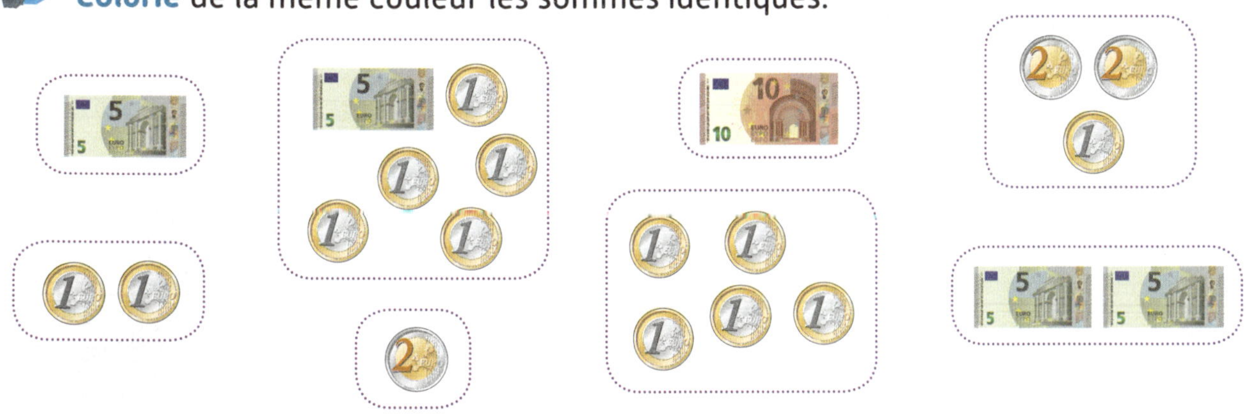

33 Lire et écrire les nombres de 11 à 19

CALCUL MENTAL
Montrer 3 pièces de 1 € et
1 pièce de 2 €.
➔ Faire écrire le résultat.

| .... | .... | .... | .... | .... |

1 **Suis** les consignes données.

Demander d'entourer en vert le nombre 13,
en rouge le nombre 19, etc.

2 **Complète** la suite des nombres.

6 – ..... – 8 – ..... – 10 – ..... – ..... – ..... – 14 – ..... – 16 – ..... – ..... – 19

3 **Entoure** ce qui fait 12.

Entoure ce qui fait 18.

4 **Écris** en chiffres.

deux : ......
cinq : ......
quatre : ......
trois : ......
douze : ....
quinze : ....
quatorze : ....
treize : ....

5 **Complète**.

...... + ... = ...

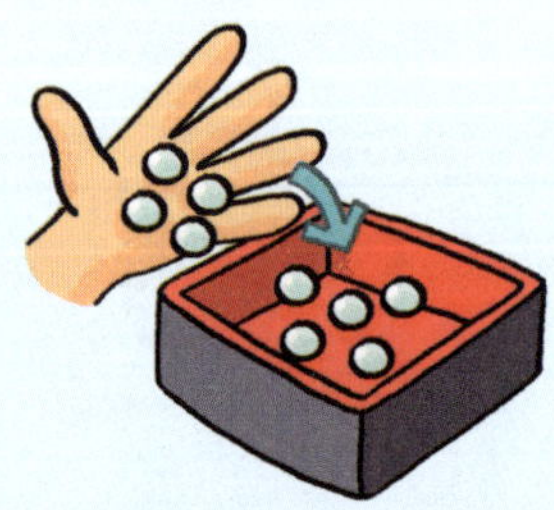

Compétence : Dénombrer, constituer des collections. Utiliser diverses représentations du nombre.

34 Dénombrer des collections de 11 à 19

CALCUL MENTAL
Faire écrire le nombre avant 12,
le nombre après 18, etc.

....

1 6 **Écris** en chiffres le nombre de biscuits.

2 **Dessine** le bon nombre d'objets.

18 pommes

15 œufs

3 **Dessine** pour obtenir le bon nombre de bougies.

11

16

14

4 **Colorie** les boules du 4e sapin. **Dessine** un cadeau devant le 7e sapin.

1er

Compétence : Dénombrer, constituer des collections.

35 Décomposer les nombres en 10 + ...

CALCUL MENTAL
Énnoncer des devinettes du type :
Je suis sur la case 7, j'avance de 4 cases ; sur quelle case j'arrive ?

.... | .... | .... | .... | ....

1 **Complète** pour obtenir les nombres dans les étiquettes.

10 + ... → 13

...... + ... → 11

...... + ... → 19

2 Le gardien du zoo range la nourriture par paquets de 10. **Complète.**

10 + ... = ...

.... + ... = ...

.... + ... = ...

3 **Complète.**

10 + 8 = ... | 10 + 1 = ... | 10 + ... = 13
10 + 2 = ... | 10 + 4 = ... | 10 + ... = 16

4 Le pion de Nino est sur la case 10.
Il jette le dé et arrive sur la case 15.
De combien de cases a-t-il avancé ?
Complète.

9	10	11	12	13	14	15	16	17	18	19

...... + ... = ...

Nino a avancé de .... cases.

5 **Combien d'images Lali peut-elle acheter ?**

Lali pourra acheter ...... *images.*

Compétence : Utiliser diverses stratégies de dénombrement.

36 Grouper par 10

CALCUL MENTAL
Énoncer des additions sous la forme 10 + ...
➔ Faire écrire le résultat.

....

1 Aide Nino à compter sa collection de plumes. **Entoure**-les par 10 et **complète**.

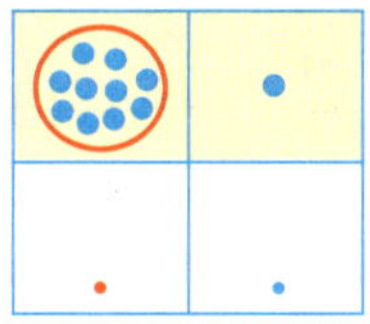

10 + ... = ...

Il y a . . plumes.

2 **Entoure** par 10 et **complète**.

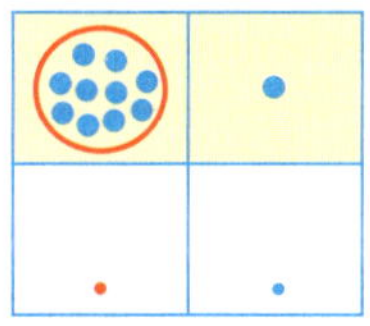

10 + ... = ...

Il y a . . coquillages.

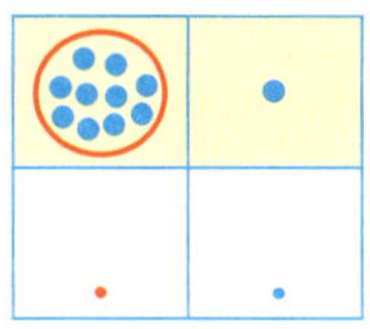

10 + ... = ...

Il y a . . citrouilles.

3 La pirate a trouvé un trésor. **Entoure** par 10 les objets du trésor et **complète**.

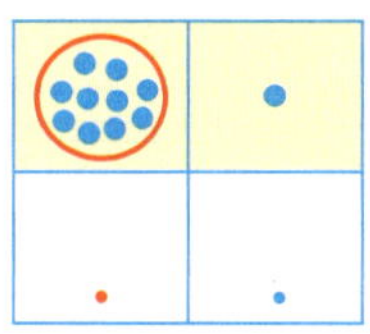

10 + ... = ...

Il y a . . pierres.

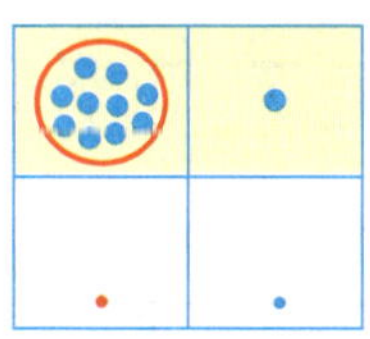

10 + ... = ...

Il y a . . bagues.

Compétence : Utiliser diverses stratégies de dénombrement.

37 JE M'ENTRAINE (1)

1 **Écris** la position de Lali, Nino et Archi dans la file.

1er

 ...... e

 ...... e

 ...... e

2 **Colorie** les calculs qui font 10.

6 + 3	5 + 5	4 + 6	2 + 7
1 + 9	3 + 7	4 + 3	8 + 2

3 **Observe** les coccinelles et **complète**.

2 + ... = 4

3 + ... = ...

...... + ... = ...

...... + ... = ...

4 **Complète**.

...... €

...... €

...... €

5 **Entoure** par 10 et **Complète**.

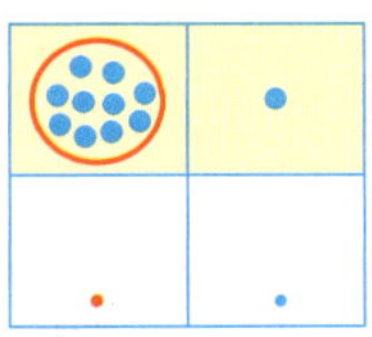

10 + ... = ...

Il y a . . gâteaux.

38 Grouper par 10 : dizaines et unités

CALCUL MENTAL
Énoncer des additions sous la forme 10 + ...
➔ Faire écrire le résultat.

....	....	....	....	....

1 **Combien de fleurs va ramasser Archi ?** **Entoure** par 10 et **complète**.

Dizaines	Unités
.	.

Archi va ramasser . . fleurs.

2 **Entoure** par 10 et **complète**.

Dizaines	Unités
.	.

Il y a . . boites.

Dizaines	Unités
.	.

Il y a . . étoiles.

3 **Dessine** les balles qui manquent.

Dizaines	Unités
3	2

Dessine les oiseaux qui manquent.

Dizaines	Unités
2	5

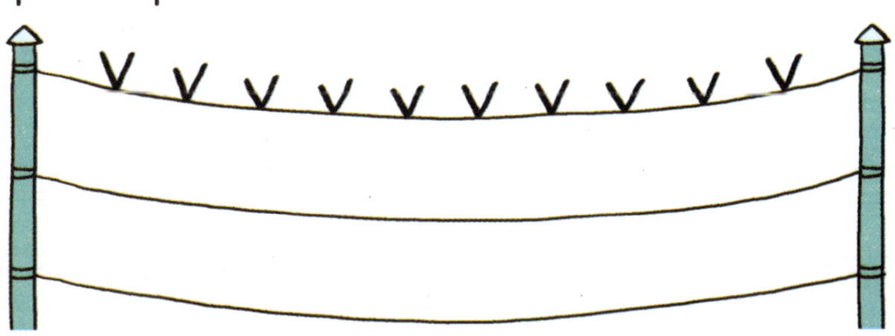

Compétence : Utiliser diverses stratégies de dénombrement.

39 Dizaines et unités

CALCUL MENTAL
Montrer des quantités supérieures à 10, à l'aide de cartes à points. ➔ Faire écrire le nombre correspondant.

....

1

Relie les paquets de 10 aux dizaines.

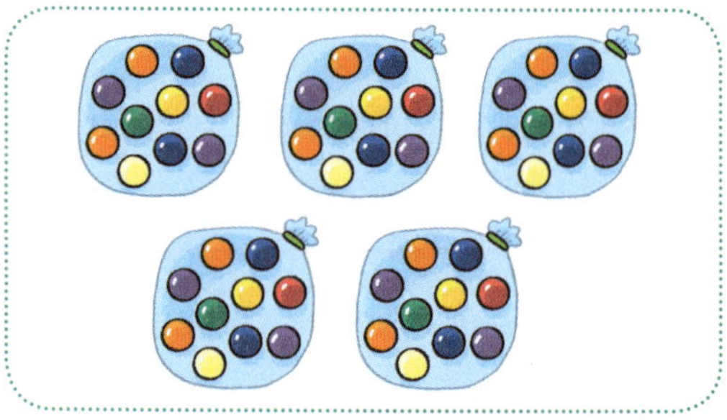

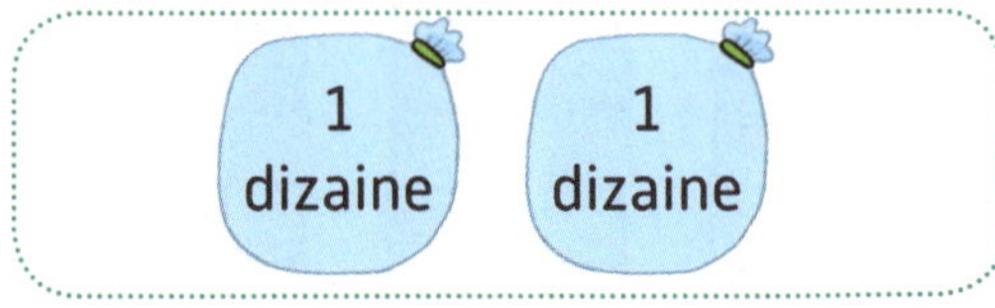

2

Relie.

2 dizaines et 3 unités

2 dizaines

3 dizaines et 2 unités

3

Dessine le bon nombre de points.

2 dizaines et 3 unités

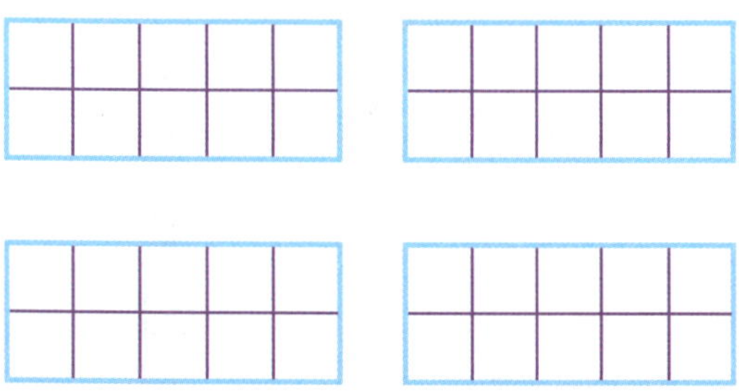

4

Colorie le bon nombre de doigts.

3 dizaines et 2 unités

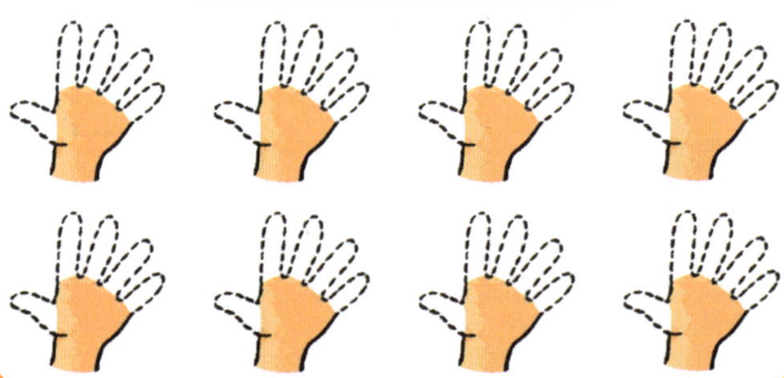

Compétence : Utiliser diverses stratégies de dénombrement.

40 Situations de soustraction

CALCUL MENTAL
Énoncer : 1 dizaine et 9 unités, 2 dizaines et 6 unités, etc. → Faire écrire le nombre correspondant.

....

1 Plume prend 4 diamants dans le coffre. **Combien de diamants reste-t-il ?**

Il reste .... diamants.

Plume prend 2 pépites d'or dans le sac. **Combien de pépites reste-t-il ?**

Il reste .... pépites d'or.

2 Il y a 9 poissons. **Combien de poissons sont cachés ?**

.... poissons sont cachés.

Nino a 9 coquillages. **Combien de coquillages cache-t-il ?**

Nino cache .... coquillages.

3 Lali recule de 6 cases. Sur quelle case arrive-t-elle ? **Complète.**

11	12	13	14	15	16	17	18	19

Lali arrive sur la case ....

4 **Colorie** le bon nombre de pains d'épice.

2 dizaines et 7 unités

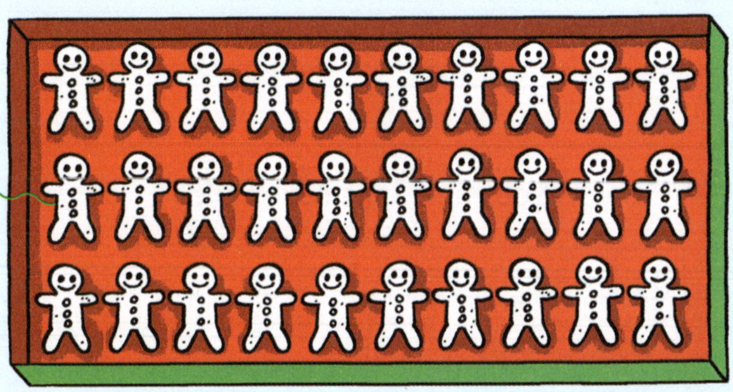

41 La soustraction, le symbole –

CALCUL MENTAL
Énoncer : 2 dizaines et 5 unités, 4 dizaines et 8 unités, etc. → Faire écrire le nombre correspondant.

....

1 Plume prend 3 fraises à Lali.
Combien de fraises reste-t-il ?

...... – ...... = ... *Il reste .... fraises.*

Chaque enfant mange un chocolat.
Combien de chocolats reste-t-il ?

...... – ...... = ... *Il reste .... chocolats.*

2 Lali veut acheter un ballon à 7 euros.
Combien d'euros lui manque-t-il ?

...... – ...... = ...

Il lui manque .... euros.

3 4 billes sont à Nino. **Combien de billes sont à Lali ?**

...... – ...... = ... *Lali a .... billes.*

4 Nino recule de 4 cases. **Écris** le calcul et **colorie** la case d'arrivée.

7	8	9	10	11	12	(13)	14	15

...... – ...... = ...

Archi recule de 5 cases. **Écris** le calcul et **colorie** la case d'arrivée.

7	8	9	10	11	12	13	14	(15)

...... – ...... = ...

5 **Colorie** comme dans l'exemple.

11 — 15 — treize — douze — 16 — quatorze — 12 — 13 — quinze — seize — 14 — onze

Compétence : Comprendre le sens du symbole –.

42 Comparaison directe de longueurs

CALCUL MENTAL
Je suis sur la case 5, je recule de 4 cases ; sur quelle case j'arrive ?
➔ Faire écrire le résultat.

....	....	....	....	....

1 **Entoure** en **bleu** la pirate la plus petite et en **rouge** la pirate la plus grande.
Colorie le collier le plus grand.

2 **Dessine** 2 rubans en les rangeant du plus petit au plus grand.

3 **Dessine** une flèche en suivant le rangement : de la plus grande à la plus petite flèche.

4 Une chauve-souris est mal placée.
Barre-la et indique sa place par une croix.

5 Il y a 15 étoiles dans le ciel.
Dessine les étoiles qui manquent.

43 Ajouter ou retrancher des petits nombres

CALCUL MENTAL
Énoncer des soustractions simples (8 – 1, 6 – 3).
➔ Faire écrire le résultat.

| .... | .... | .... | .... | .... |

1 **Complète** les calculs.

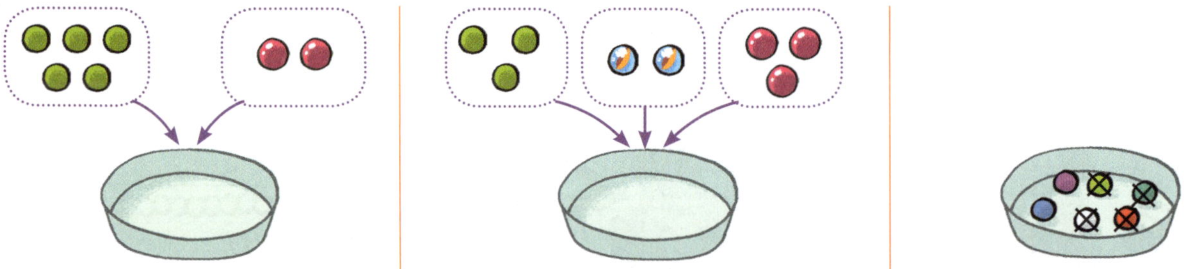

...... ⬤ ...... = ... | ...... ⬤ ...... ⬤ ...... = ... | ...... ⬤ ...... = ...

2 **Dessine** ou **barre** les billes et **complète** les calculs.

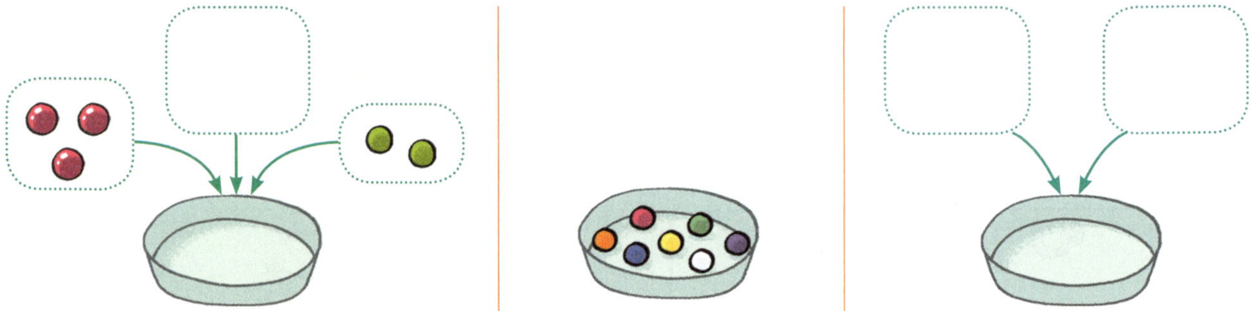

3 + ... + 2 = 8 | 7 – ...... = 4 | ...... + ... = 8

3 **Complète** les calculs.

5 + 2 = ... | 6 + 1 = ... | 4 + ... = 7 | ...... + 3 = 6

8 – 3 = ... | 7 – 1 = ... | 8 – ...... = 4 | ...... – 5 = 2

4 Lali a gonflé 3 ballons rouges et 5 ballons verts. Mais 1 ballon a éclaté. **Combien de ballons reste-t-il ?**

Il reste .... ballons.

5 Lali et Nino veulent acheter des images à 1 €. **Qui pourra s'acheter le plus d'images ?** **Entoure** Nino ou Lali.

Compétence : Comprendre le sens des opérations.

44 Résoudre des problèmes : la soustraction

CALCUL MENTAL
Énoncer des calculs simples (4 + 3, 19 – 1).
→ Faire écrire le résultat.

....

1 Il y a 16 élèves dans la classe.
Aujourd'hui, 5 sont absents.
Combien d'élèves sont présents ?

Je dessine ou je schématise :

Je calcule : ....

Je réponds :

.... élèves sont présents.

2 Au jeu de l'oie, Archi est sur la case 19, il doit reculer de 7 cases.
Sur quelle case se retrouve-t-il ?

Je dessine ou je schématise :

Je calcule : ....

Je réponds :

Archi se retrouve sur la case ....

3 Le père de Nino a préparé 15 sablés pour Noël. Ils sont à la vanille ou au chocolat.
Il y a 8 sablés à la vanille.
Combien y a-t-il de sablés au chocolat ?

Je dessine ou je schématise :

Je calcule : ....

Je réponds :

Il y a .... sablés au chocolat.

45 Reproduire une figure sur quadrillage (1)

CALCUL MENTAL
Énoncer des calculs simples (6 + 4, 15 – 1).
➔ Faire écrire le résultat.

....

1 **Reproduis** le dessin avec ta règle.

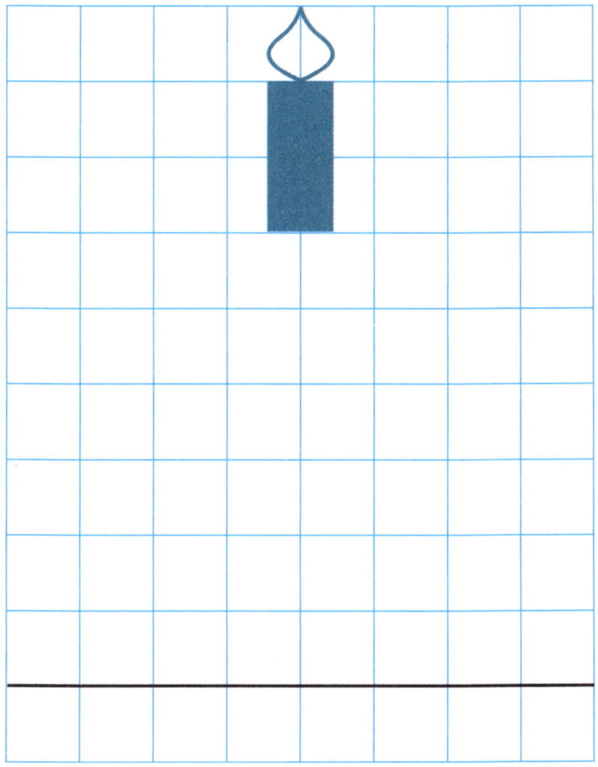

2 **Reproduis** le dessin avec ta règle.

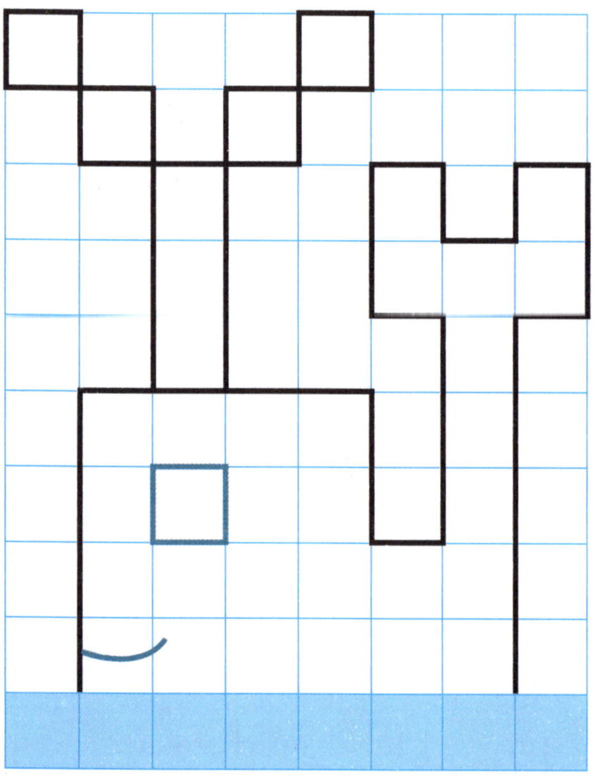

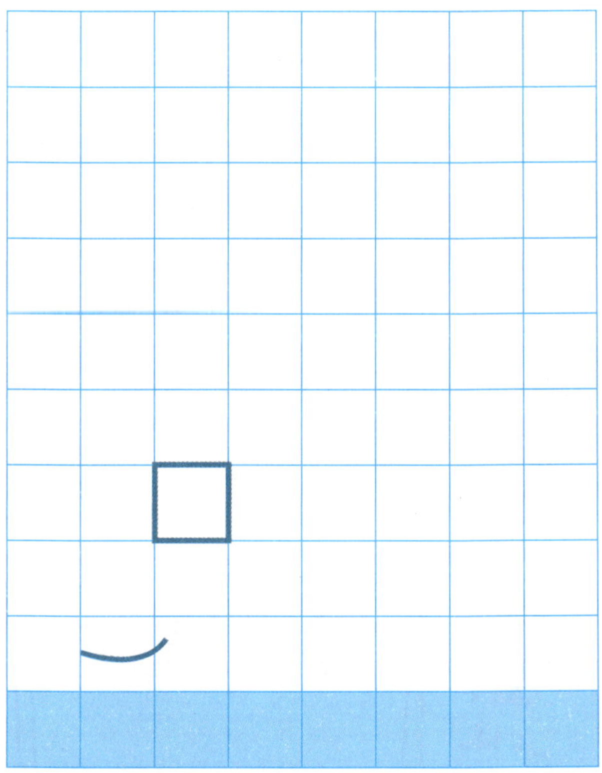

Compétence : Reproduire des figures ou des assemblages de figures planes sur papier quadrillé.

46 Ordonner les nombres jusqu'à 19

CALCUL MENTAL
Énoncer des calculs simples (11 + 3, 13 – 2).
➔ Faire écrire le résultat.

....

1 **Barre** les wagons accrochés au mauvais endroit.

6 **Écris** les nombres pour remettre les wagons dans l'ordre.

1	2	3	.....	.....	.....	.....	.....	.....	.....	.....	.....	.....	.....	.....	.....	.....	.....	.....

2 **Complète** les listes de nombres.

3	4	....

....	15	16

12	....	14

15
....
17

8
....
10

3 6 **Écris** les nombres dans l'ordre.

6	3	5	4
.....	.....	.....	.....

13	15	16	14
.....	.....	.....	.....

4 **Complète**.

.....	.....	13	.....	.....	16	.....	.....	19

5 **Prolonge** le trait **rouge** pour qu'il soit plus long que le trait **orange**.
Prolonge le trait **vert** pour qu'il soit plus long que le trait **rouge**.

47 Comparer et ranger les nombres jusqu'à 19

CALCUL MENTAL
Faire écrire le nombre après 14, le nombre avant 10, etc.

....	....	....	....	....

1 Aide Archi à étendre les maillots. **Écris** les nombres :

du plus petit au plus grand — du plus grand au plus petit

2 **Entoure** le nombre le plus grand en **rouge** et le plus petit en **vert**.

5	19	8	14
14	8	15	16
9	17	7	19

3 **Entoure** l'objet le plus cher en **bleu** et le moins cher en **vert**.

4 Qui suis-je ? **Complète**.

10	15	19	8

- *Je suis juste avant 16 :* ....
- *Je suis plus petit que 11 et j'ai 1 dizaine :* ....
- *Je suis plus grand que 5 et je n'ai pas de dizaine :* ....
- *Je suis plus grand que 12 :* ....

5 Il y avait 8 tartes aux fruits.
Il en reste 5.

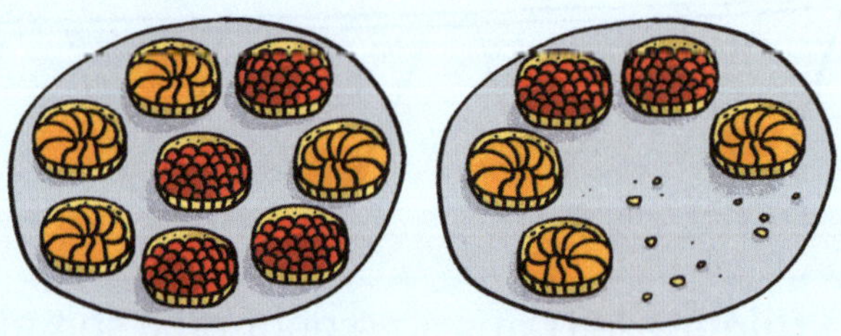

avant — après

Complète l'opération.

..... – ..... = ...

Compétence : Comparer, ranger, encadrer, intercaler des nombres entiers.

48 Construire des collections à partir de décompositions

CALCUL MENTAL
Faire écrire le nombre entre 15 et 17, le nombre avant 12, etc.

....

1 **Colorie** les collections de Lali et Nino.

2 **Dessine** les points dans les cartes.

10 + 1	11	1 dizaine et 1 unité

3 **Complète**, puis **dessine** le nombre de boutons.

13	......	......
1 dizaine et .... unités	1 dizaine et 2 unités	1 dizaine et 6 unités
10 + ...	10 + ...	10 + ...

4 **Écris** les numéros des images dans l'ordre de l'histoire.

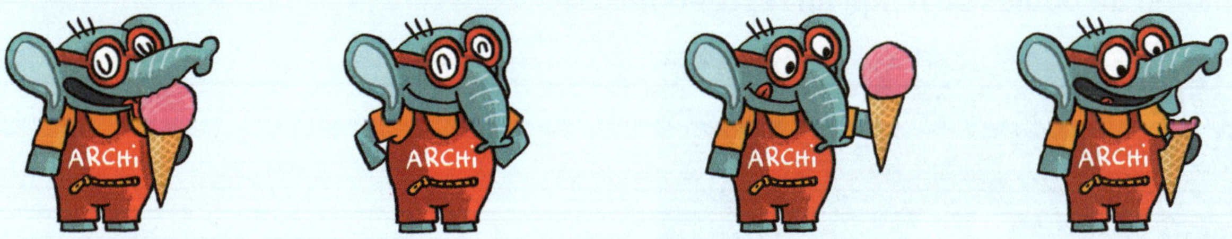

......	......	1	......

49 JE M'ENTRAINE (2)

1 **Colorie** le nombre de cubes indiqué dans le tableau.

Dizaines	Unités
3	1

2 **Dessine** ou **barre** les billes et **complète** les calculs.

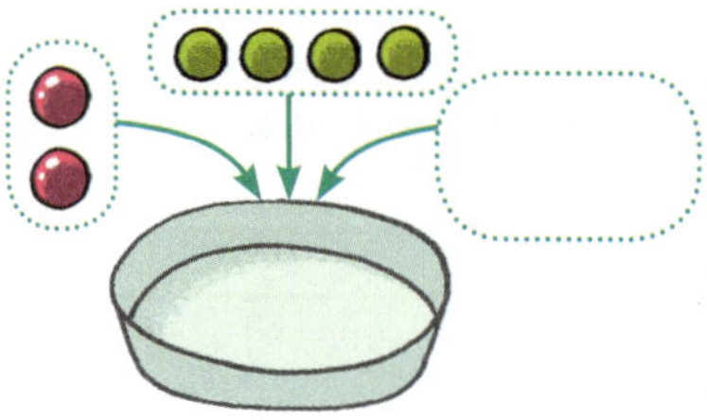

2 + 4 + ... = 9

7 – .... = 5

3 **Entoure** le nombre le plus grand en **bleu** et le plus petit en **vert**.

5	15	4	18
19	9	8	17

4 **Reproduis** la figure sur le quadrillage.

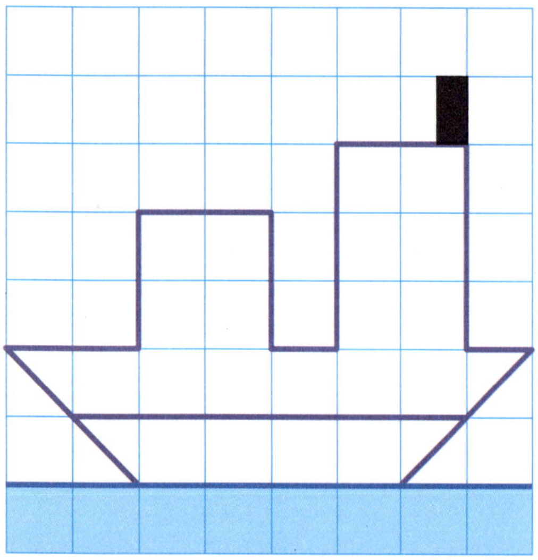

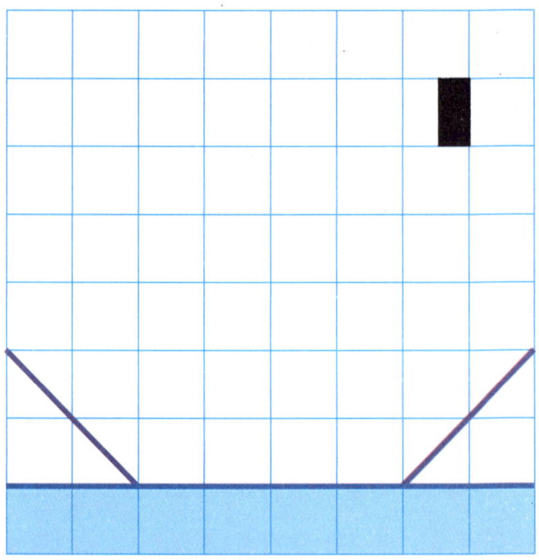

5 Lali a préparé 15 boules de neige.
Elle lance 3 boules.
Combien de boules de neige lui reste-t-il ?

....

Il lui reste .... boules de neige.

50 Échanger 10 unités contre 1 dizaine

CALCUL MENTAL
Énoncer des calculs simples (14 – 2, 10 + 9).
→ Faire écrire le résultat.

....	....	....	....	....

1 La pirate a trouvé des pièces d'or. **Entoure** par 10 et **complète**.

Dizaines	Unités

Elle a . . pièces.

Plume lui apporte une pièce de plus.
Ajoute-la sur le dessin et **complète**.

Dizaines	Unités

Elle a . . pièces.

2 Lali a planté des salades. **Entoure** par 10 et **complète**.

Dizaines	Unités

Lali a . . salades.

Nino lui apporte 4 salades de plus.
Ajoute-les sur le dessin et **complète**.

Dizaines	Unités

Lali a . . salades.

3 **Entoure** les timbres par 10 et **complète**.

Dizaines	Unités

Il y a . . timbres.

On en ajoute 6. **Dessine**-les et **complète**.

Dizaines	Unités

Il y a . . timbres.

51 Échanger 10 pièces de 1 € contre un billet de 10 €

CALCUL MENTAL
Énoncer des calculs simples (13 + 3, 7 – 5).
➔ Faire écrire le résultat.

....

1 La tirelire d'Archi est pleine. **Entoure** les pièces que tu vas échanger contre des billets de 10 €.

Dessine les billets que tu obtiens et les pièces qui restent.

2 Avec qui Lali peut-elle échanger sa tirelire ? **Entoure** la bonne tirelire.

3 **Dessine** le moins possible de pièces de 1 € et de billets de 10 € pour acheter ces objets.

4 **Complète**.

25 €, c'est .... billets de 10 € et .... pièces de 1 €.

37 €, c'est .... billets de 10 € et .... pièces de 1 €.

45 €, c'est .... billets de 10 € et .... pièces de 1 €.

52 €, c'est .... billets de 10 € et .... pièces de 1 €.

Compétence : Utiliser la monnaie.

52 Résoudre des problèmes en utilisant les euros (1)

CALCUL MENTAL
Énoncer : 4 dizaines et 8 unités, 5 dizaines et 4 unités, etc. → Faire écrire le nombre correspondant.

....

1 Lali veut acheter ces objets.

Combien d'euros va-t-elle payer en tout ?

Je calcule : ....

Je réponds :

Lali va payer .... euros.

2 Archi a 15 €.

Il s'achète une peluche à 6 €.
Combien d'euros lui reste-t-il ?

Je dessine ou je schématise :

Je calcule : ....

Je réponds :

Il reste .... euros à Archi.

3 La mère de Nino achète ces trois articles à la boulangerie.
Combien d'euros va-t-elle payer ?

Je dessine ou je schématise :

Je calcule : ....

Je réponds :

La mère de Nino va payer .... euros.

Compétence : Résoudre des problèmes en utilisant les opérations sur les grandeurs ou sur les nombres, dans le contexte de la monnaie.

Leçons 27 à 52

BILAN

1
Connaitre les nombres jusqu'à 19.

Entoure ce qui fait 14.

7 + 7

10 + 14

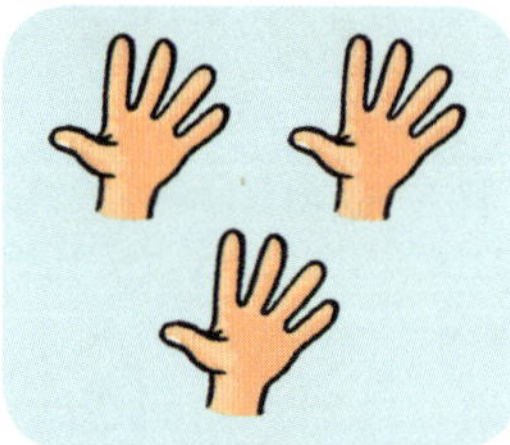

2
Interpréter les noms des nombres à l'aide des unités de numération.

Entoure par 10 et **complète**.

Dizaines	Unités
.	.

Il y a . . bougies.

3
Ajouter, retrancher des petits nombres.

Dessine ou **barre** les boules de sapin et **complète** les calculs.

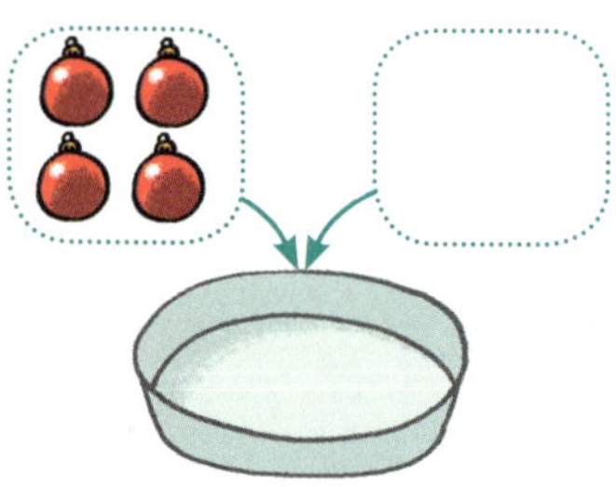

4 + ... = 7

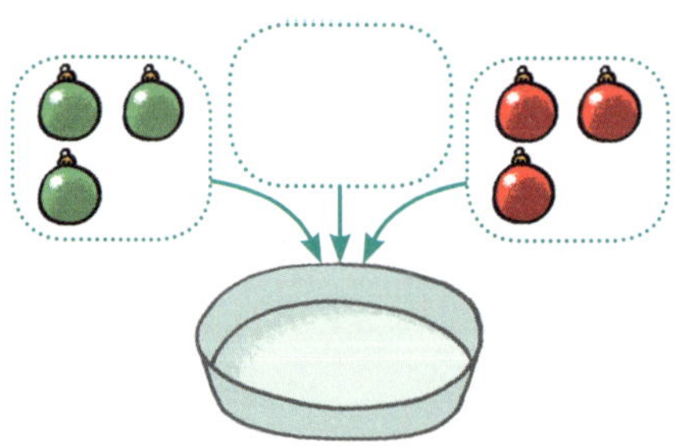

3 + ... + 3 = 9

6 – .... = 4

4
Comparer, ranger les nombres jusqu'à 19.

Écris les nombres :

du plus grand au plus petit

16	2	8	12
......	......	......	......

du plus petit au plus grand

14	4	19	18
......	......	......	......

5 Utiliser la règle comme instrument de tracé.

Continue de tracer la frise.

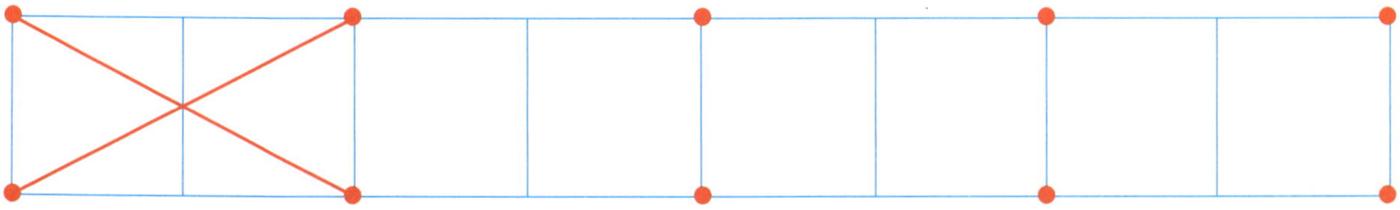

6 Reproduire une figure sur quadrillage.

Reproduis la figure sur le quadrillage.

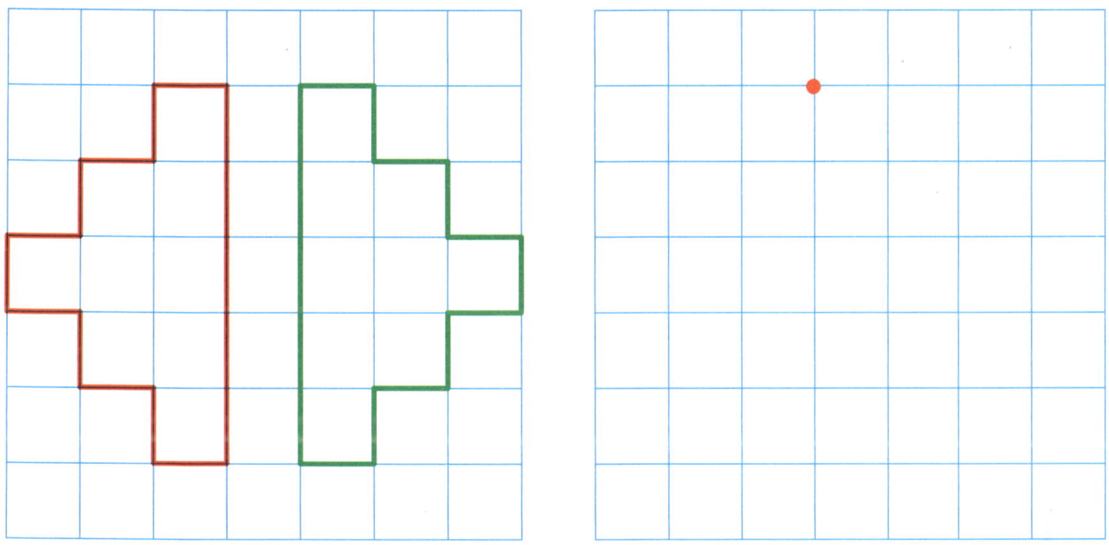

7 Résoudre un problème.

Lali a décoré 17 pommes de pin. Elle en donne 12 à ses amis.
Combien de pommes de pin reste-t-il ?

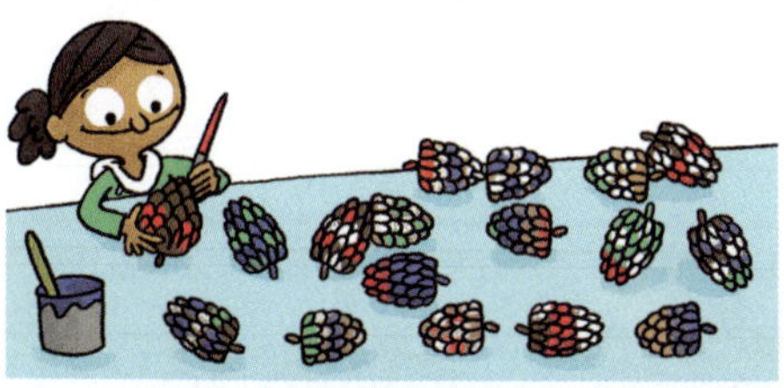

....

Il reste .... pommes de pin.

8 Résoudre un problème.

Le père de Nino achète une paire de gant à 4 € pour Nino. Sa grande sœur souhaite avoir les mêmes. **Combien d'euros le père de Nino paye-t-il ?**

....

Il paye .... euros.

54 JEUX MATHÉMATIQUES

Renard ou poule ? Le renard va-t-il rattraper la poule ?

oui non

oui non

oui non

Jeu de dés Qui a marqué le plus de points ?

....

__________ a marqué le plus de points. __________ a marqué le plus de points.

Qui perd gagne Quel nombre le dernier dé rouge doit-il afficher pour que l'équipe rouge gagne ?

Le dernier dé rouge doit afficher ....

Le dernier dé rouge doit afficher ....

Un, deux, trois Complète les cases du jeu. Écris les opérations et dessine le pion d'Archi, de Lali et de Nino sur la case d'arrivée.

6 + 11 = ...

.... + ... = ...

.... + ... = ...

EN ROUTE POUR

lienmini.fr/archicp5

Défi 5 *Construire des figures géométriques*

L'AVENTURE !

lienmini.fr/archicp6

Défi 6 *Comprendre et utiliser la notion de double*

55 La carte d'identité du nombre

CALCUL MENTAL
Énoncer des décompositions
du type : ... dizaines et ... unités.

....	....	....	....	....

1 **Complète.**

CARTE D'IDENTITÉ DU NOMBRE (1)

19

10 + ...

Dizaines	Unités
.	.

Entoure le nombre de cubes.

Entoure le nombre d'euros.

2 **Complète.**

CARTE D'IDENTITÉ DU NOMBRE (2)

en chiffres

....

en lettres

seize

nombre avant — nombre après

....	....	....

sous la forme d'une addition

.... + ... = ...

Entoure le nombre d'euros.

Compétence : Utiliser diverses représentations du nombre.

56 Les nombres de 20 à 29

CALCUL MENTAL
Ajouter ou retrancher des petits nombres sans passage à la dizaine (6 + 4, 9 − 3, etc.).

....	....	....	....	....

1 Gigi a offert des capes de magicien à nos amis. Décore-les : **dessine** le bon nombre d'étoiles ✳ et **complète** les calculs.

23

23 = 10 + ... + ...

23 = 20 + ...

28

28 = ... + ... + ...

28 = 20 + ...

25

25 = ... + ... + ...

25 = ... + ...

2 Combien d'objets y a-t-il ? **Complète**.

10 + ... + ... = ...

Dizaines	Unités
.	.

10 + ... + ... = ...

Dizaines	Unités
.	.

3 **Colorie**.

22 doigts

25 doigts

4 **Colorie** ce qui fait 26.

10 + 10 + 6

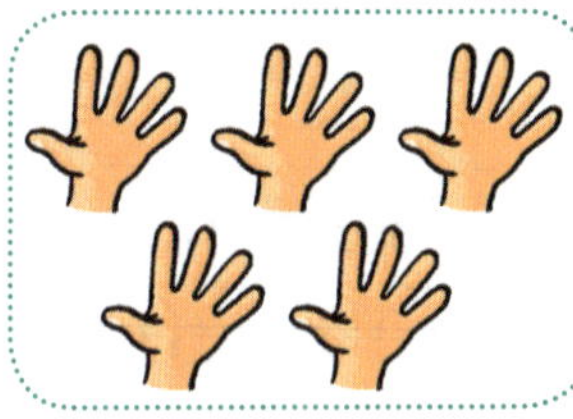

20 + 5

10 + 6

20 + 6

vingt-sept

2 dizaines et 6 unités

Compétence : Interpréter les noms des nombres (unités de numération et écritures arithmétiques).

57 Les nombres de 30 à 39

CALCUL MENTAL
Énoncer des décompositions du type : 20 + 2, 2 dizaines et 9 unités.

....	....	....	....	....

1 Gigi range son matériel de magicienne. **Complète.**

Dizaines	Unités
.	.

10 + ... + ... + ... = ...

Il y a .... cartes.

Dizaines	Unités
.	.

10 + ... + ... + ... = ...

Il y a .... baguettes.

2 Combien de flocons comptes-tu ? **Complète.**

10 + ... + ... + ... = ...

30 + ... = ...

C'est .... dizaines et .... unités.

3 Nino a rangé 36 boules de Noël. Termine de les dessiner et **complète.**

10 + ... + ... + ... = ...

30 + ... = ...

C'est .... dizaines et .... unités.

4 **Complète.**

10 + 10 + 10 + 2 = ...
10 + 10 + 10 + 9 = ...

30 + 1 = ...
30 + 5 = ...

3 dizaines et 6 unités : ....
2 dizaines et 0 unité : ....

5 **Complète.**

..... – ..... – ..... – ..... – 21 – ..... – 23 – ..... – ..... – ..... – ..... – 28 – ..... – 30

Compétence : Interpréter les noms des nombres (unités de numération et écritures arithmétiques).

58 La date

CALCUL MENTAL
Énoncer des décompositions du type : 30 + 2, 3 dizaines et 8 unités.

....

1 Aide-toi de la page de ton matériel pour répondre.

Complète : *Nous sommes le* __________ .... *janvier.*

• Lali et Nino ont noté le jour où ils vont à la piscine. 

Complète : *Lali et Nino vont à la piscine le* __________ .... *janvier.*

• Archi a noté le jour où il va chez le médecin. 

Complète : *Archi va chez le médecin le* __________ .... *janvier.*

2 **Complète** la suite des jours.

.... janvier	.... janvier	.... janvier	.... janvier
6 janvier	10 janvier	19 janvier	28 janvier
.... janvier	.... janvier	.... janvier	.... janvier

3 **Complète**.

Hier, nous étions le .... *janvier.*

Demain, nous serons le .... *janvier.*

Dans 4 jours, nous serons le .... *janvier.*

Dans 10 jours, nous serons le .... *janvier.*

4 **Écris** la date comme dans l'exemple.

12 *janvier* 2017 : 12/1/2017

23 *janvier* 2017 : ....

15 *octobre* 2018 : ....

13 *juin* 2019 : ....

21 *avril* 2020 : ....

5 **Entoure** le personnage qui a le plus d'euros.

.... €

.... €

.... €

Compétence : Connaitre les unités de mesure usuelles de durées.

59 Construire des collections à partir de décompositions

CALCUL MENTAL
Énoncer un nombre entre 20 et 39.
➔ Faire écrire le nombre qui suit ou le nombre qui précède.

| .... | .... | .... | .... | .... |

1 Lali donne 16 ballons à Nino. **Colorie**-les. Archi lui en donne 23. **Colorie**-les.

2 **Entoure** 2 dizaines et 4 unités.

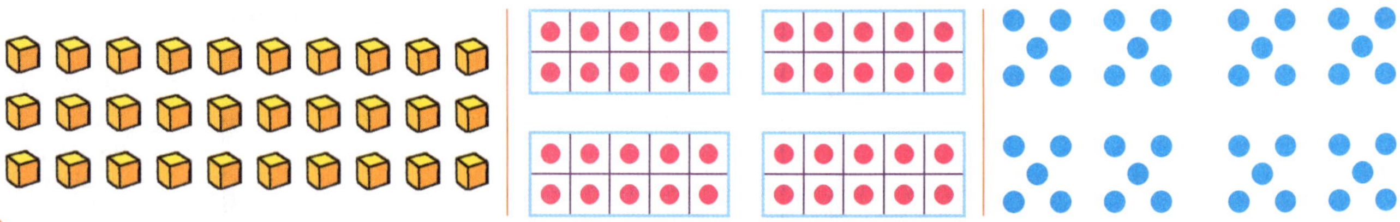

3 **Complète**, puis **dessine** le nombre de boutons.

30 + 7	.... + ...
.... dizaines et .... unités	1 dizaine et 3 unités
7 unités et .... dizaines	.... unités et .... dizaine

4 **Colorie**, puis **complète** la phrase.

10 € + 5 €

J'ai colorié .... €.

1 unité et 2 dizaines

Il y a .... balles coloriées.

30 + 8

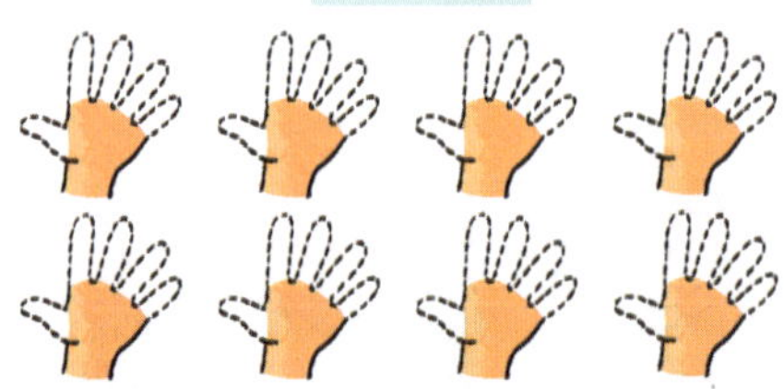

Il y a .... doigts coloriés.

Compétence : Interpréter les noms des nombres (unités de numération et écritures arithmétiques).

60 Reconnaitre le cube, le pavé, la pyramide

CALCUL MENTAL
Énoncer des décompositions
du type : … dizaines et … unités.

....

1 Archi a voulu jouer au magicien. Avec la baguette de Gigi, il a mélangé tous les objets ! Pour l'aider, **entoure** en **rouge** les cubes. **Entoure** en **bleu** les pavés. **Entoure** en **vert** les pyramides.

2 **Barre** les solides qui ne sont pas des cubes ou des pavés.

3 **Colorie** en **rouge** les cubes, en **bleu** les pavés et en **vert** la pyramide.

4 Il y avait 15 cubes dans le sac du maitre. Lali lui donne 4 cubes.
Combien de cubes y a-t-il dans le sac ?

Il y a .... cubes dans le sac.

61 Reconnaitre le carré, le rectangle, le triangle

CALCUL MENTAL
Montrer des pièces et des billets jusqu'à un total de 39 €. → Faire écrire la somme correspondante.

....

1 Pour que Gigi ne soit pas fâchée, Archi range tous les solides dans une boite. Dans quelle ouverture peut-il faire passer les objets ? **Écris** le numéro qui correspond.

2 **Entoure** en **rouge** les carrés, en **bleu** les rectangles et en **orange** les triangles.

3 **Repasse** en **rouge** les côtés des carrés et en **bleu** les côtés du rectangle.
Colorie en **orange** le triangle.

4 6 **Écris** les nombres en lettres. Aide-toi des deux étiquettes. *vingt* *trente*

18 : ____________ 20 : ____________ 22 : ____________

27 : ____________ 30 : ____________ 31 : ____________

Compétence : Reconnaitre, nommer les figures usuelles.

62 Comparer et ranger les nombres jusqu'à 39

CALCUL MENTAL
En appui sur la file numérique, proposer des problèmes du type :
Archi est sur la case 36, il recule de 3 cases. Sur quelle case arrive-t-il ?

....

1 **Écris** les nombres du plus petit au plus grand.

2 **Colorie** en **bleu** le nombre le plus grand et en **vert** le plus petit.

25	17	5	
25	35	13	31
24	34	35	25

3 **Colorie** le nombre le plus grand.

15	30 + 8
10 + 6	20 + 5
10 + 9	10 + 4
10 + 10 + 3	27

4 Qui suis-je ? **Complète.**

37 12 34

Je suis plus grand que 35 : ....

Je suis plus petit que 39 et j'ai 4 unités : ....

Je suis plus petit que 20 : ....

Je suis plus grand que 30 et j'ai 7 unités : ....

5 **Dessine** les baguettes magiques qui manquent pour en avoir 34 en tout.

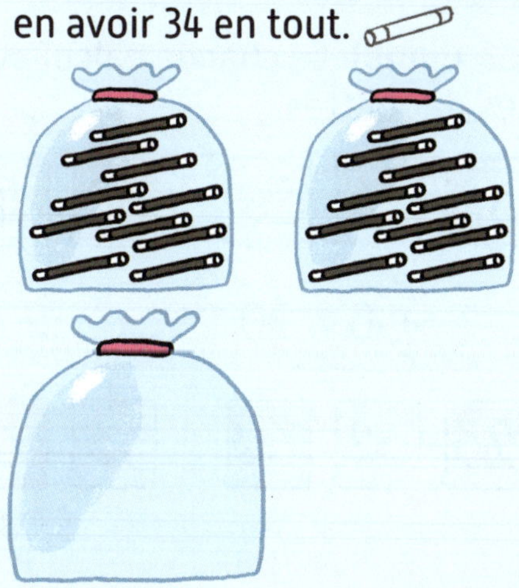

63 Compléter à la dizaine supérieure

CALCUL MENTAL
Énoncer un nombre inférieur à 40.
➔ Faire écrire le nombre qui suit ou le nombre qui précède.

....	....	....	....	....

1 **Entoure** les cubes que Lali et Nino doivent prendre pour compléter une nouvelle tour, puis **complète** le calcul.

13 + ... = 20

26 + ... = 30

2 **Complète** les calculs.

4 + ... = 10	2 + ... = 10	7 + ... = 10
14 + ... = 20	22 + ... = 30	27 + ... = 30
24 + ... = 30	12 + ... = 20	17 + ... = 20

3 Nino veut aller sur la case 30 et Lali sur la case 40. De combien de cases doivent-ils avancer ? **Complète** les calculs.

21 + ... = 30

35 + ... = 40

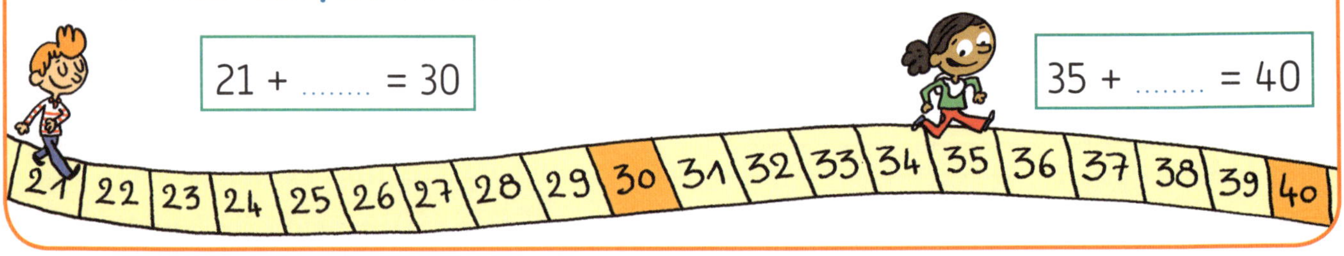

4 **Complète** chaque calcul avec l'une des étiquettes.

14 24 26

.... + 6 = 30

19 16 9

.... + 1 = 20

23 32 30

.... + 8 = 40

13 23 32

.... + 7 = 30

5 Si nous sommes le 13 janvier, quel jour serons-nous dans 7 jours ?
Complète.

Nous serons le .... *janvier.*

Compétence : Mémoriser des faits numériques et des procédures.

64 Les doubles jusqu'à 10 + 10

CALCUL MENTAL
Énoncer des additions simples (18 + 2, 24 + 6, etc.)

....

1 **Indique** le nombre de tapis : **complète** les calculs.

7 + 7 = ...

8 + 8 = ...

9 + 9 = ...

2 **Colorie** la case qui représente :

le double de 8 abeilles

le double de 10 coccinelles

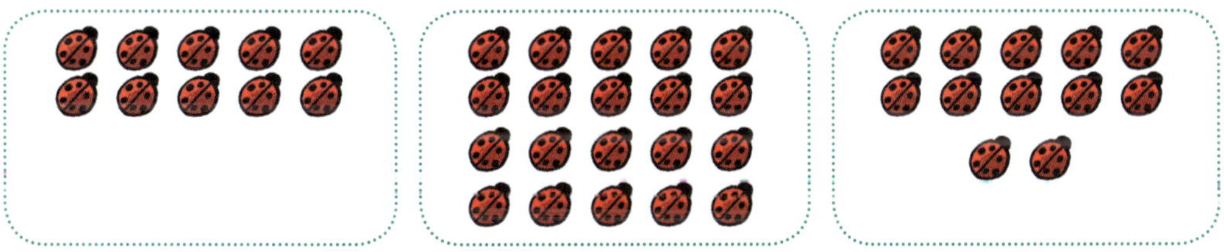

le double de 7 libellules

3 **Complète** les calculs.

8 + 8 = ... 5 + 5 = ... 10 + 10 = ... 3 + 3 = ...

7 + 7 = ... 6 + 6 = ... 4 + 4 = ... 9 + 9 = ...

4 **Complète** les calculs.

14 + 5 = ... 27 – 4 = ... 33 + 3 = ... 37 – 1 = ...

Compléter un tableau à double entrée

CALCUL MENTAL
Faire écrire le double de 6,
le double de 4, etc.

....

1 Gigi fait un tableau pour classer ses tapis. **Complète**-le comme dans l'exemple.

2 **Complète** le tableau.

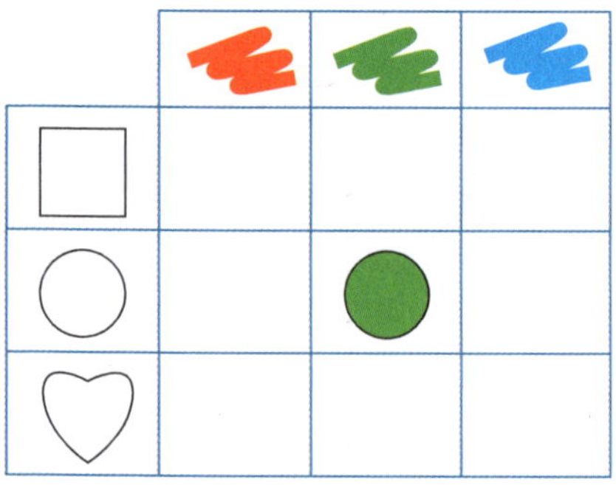

3 **Complète** la fabrique à dominos comme dans l'exemple.

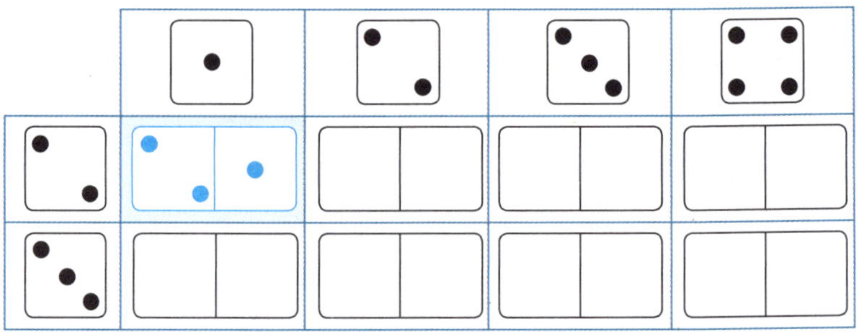

4 **Relie** chaque solide à la forme correspondante.

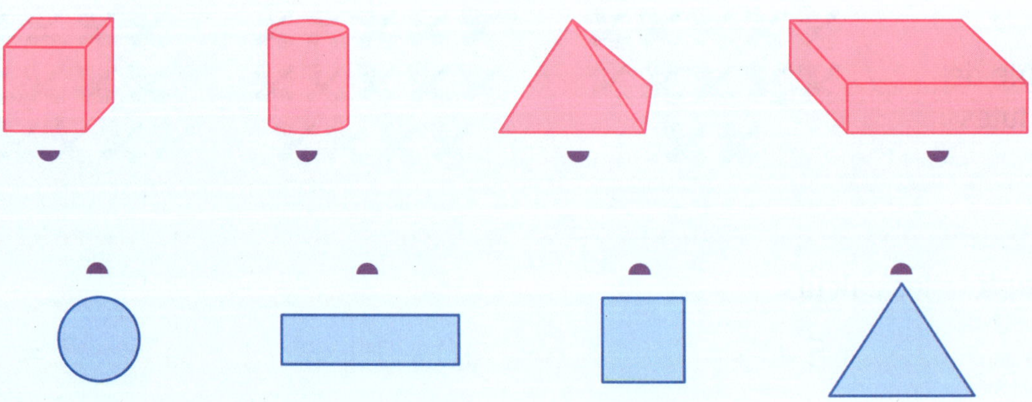

Entoure en **rouge** le carré, en **bleu** le rectangle et en **orange** le triangle.

Compétence : Présenter et organiser des mesures sous formes de tableaux.

66 JE M'ENTRAINE (1)

1 **Colorie** 24 doigts.

Colorie 3 dizaines et 6 unités.

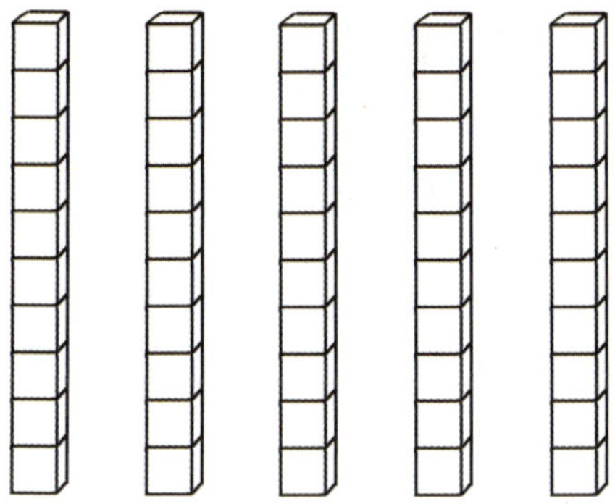

2 **Complète**.

lundi 5 janvier

mardi .... ________

________ .... ________

________ .... ________

________ .... ________

________ .... ________

________ .... ________

3 **Colorie** en **rouge** les cubes et en **bleu** les pavés.

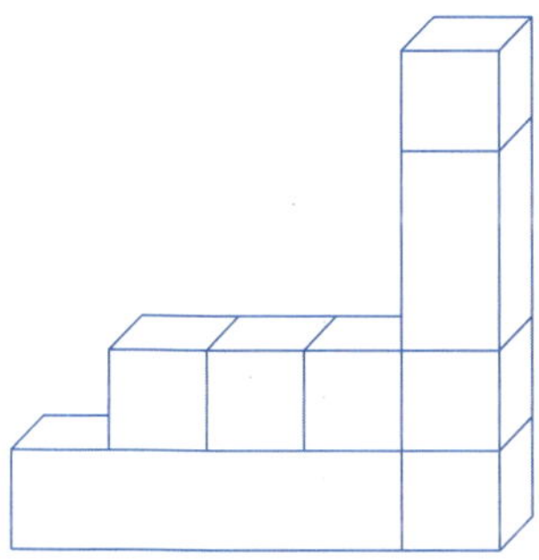

4 **Complète** le tableau.

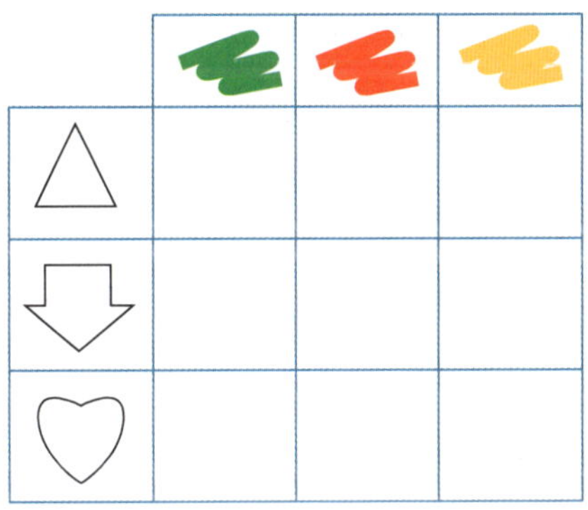

5 **Complète** les calculs.

5 + 5 = ... 4 + 4 = ... 6 + 6 = ... 3 + 3 = ...

7 + 7 = ... 9 + 9 = ... 8 + 8 = ... 10 + 10 = ...

6 Pour le gouter, la maitresse distribue un fruit aux 26 élèves de la classe.
Quelle caisse doit-elle prendre ?

La maitresse doit prendre la caisse de .... fruits.

67 La table d'addition (1)

CALCUL MENTAL
Énoncer des décompositions du type : 10 + 10 + 10 + 7.

....

1 Aide Archi à compléter les cases de la table d'addition.

+	4	5	6	7	8	9
3	7	....	....	....	....	....
4	....	....	....	....	....	....

2 **Complète** les cases de la table d'addition.

+	1	2	3	4	5	6	7	8	9	10
10	11	....	....	....	....	....	....	....	....	....

3 **Complète** les cases en jaune. Puis **complète** les autres cases.

+	1	2	3	4	5	6	7	8	9	10
6	7	....	....	....	....	....	....	14	....	....
7	....	9	....	....	12	....	....	....	....	....

4 **Complète** les calculs.

6 + 3 = ... 2 + 9 = ... 10 + 8 = ...

1 + 5 = ... 8 + 5 = ... 7 + 7 = ...

9 + 4 = ... 6 + 9 = ... 9 + 7 = ...

5 **Entoure** les cubes par 10 et **complète** le tableau.

Dizaines	Unités

Compétence : Mémoriser des faits numériques et des procédures.

68 Résoudre des problèmes : addition et soustraction

CALCUL MENTAL
Énoncer des calculs issus de la table d'addition : 5 + 2, 6 + 3, etc.

....

1 Gigi a acheté 12 boules de cristal dans un magasin. Elle casse 4 boules en rentrant chez elle.
Combien de boules lui reste-t-il ?

....

Il reste .... boules de cristal.

2 15 citrons sont tombés du citronnier. Il reste 8 citrons sur l'arbre.
Combien de citrons y avait-il sur l'arbre au départ ?

....

Il y avait .... citrons sur l'arbre.

3 Aujourd'hui, nous sommes le 18 février. 6 jours plus tôt, c'était l'anniversaire de Nino.
Quel jour est-il né ?

Février						
1	2	3	4	5	6	7
8	9	10	11	12	13	14
15	16	17	18	19	20	21
22	23	24	25	26	27	28

....

Nino est né le .... février.

Compétence : S'engager dans une démarche de résolution de problèmes.

69 Additionner des petits nombres

CALCUL MENTAL
Énoncer des calculs issus de la table d'addition :
4 + 5, 1 + 6, etc.

....

1 **Calcule** le score de chaque personnage. **Complète** les calculs.

1 + 4 + 3
5 + ... = ...

6 + 2 + 1
...... + ... = ...

5 + 3 + 4
...... + ... = ...

2 **Complète.**

2 + 1 + 5
...... + ... = ...

7 + 2 + 1
...... + ... = ...

1 + 3 + 7
...... + ... = ...

3 **Complète.**

2 + 8 + 1 = ... 6 + 2 + 3 = ... 5 + 3 + 2 = ...

14 + 3 = ... 2 + 11 = ... 12 + 4 = ...

4 Lali fait tomber 3 quilles. Elle obtient 10 points. Cherche trois scores possibles et **écris** tes calculs.

.... + ... + ... = 10
.... + ... + ... = 10
.... + ... + ... = 10

Compétence : Élaborer ou choisir des stratégies de calcul.

70 S'appuyer sur les doubles pour calculer

CALCUL MENTAL
Énoncer des calculs issus de la table d'addition :
3 + 8, 4 + 9, etc.

[.........] [.........] [.........] [.........] [.........]

1 **Calcule** le score de chacun. **Complète** les calculs en t'aidant des doubles.

2 + 1 + 3
...... + ... = ...

6 + 5 + 1
...... + ... = ...

5 + 2 + 3
...... + ... = ...

2 **Calcule** le nombre obtenu par les cartes. Aide-toi des doubles.

4 + 5 + 5 = ...

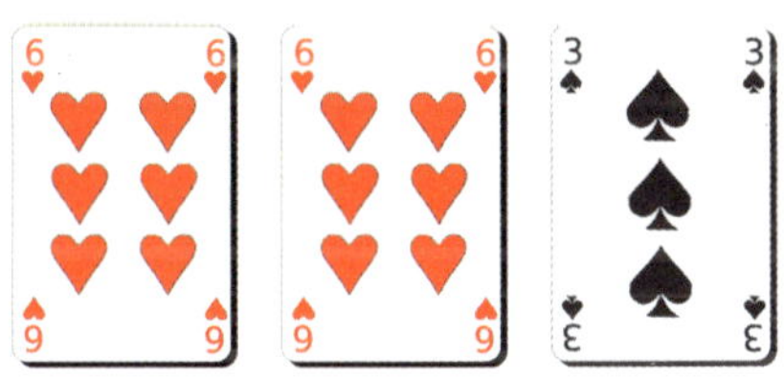

.... + ... + ... = ...

.... + ... + ... = ...

3 **Calcule** en t'aidant des doubles.

3 + 4
3 + 3 + 1 = ...

5 + 6
...... + ... + ... = ...

6 + 7
...... + ... + ... = ...

4 Nino fait tomber 3 quilles. Il obtient 18 points. Cherche deux scores possibles et **écris** tes calculs.

9 + ... + ... = 18

9 + ... + ... = 18

71 Assembler des figures géométriques simples (1)

CALCUL MENTAL
Énoncer des sommes de plusieurs petits nombres contenant des doubles : 3 + 3 + 5, etc.

....

1 Nino a dessiné cette figure à l'aide de son pochoir. **Observe** son dessin et continue de le reproduire.

Compétence : Reproduire des assemblages de figures planes sur papier uni.

72 Utiliser 10 pour calculer

CALCUL MENTAL
Faire ajouter ou retrancher avec les nombres entre 20 et 39 :
22 + 2, 30 + 5, etc.

....

1 **Écris** le score de chacun. **Complète** les calculs en t'appuyant sur ce qui fait 10.

1 + 9 + 6
10 + ... = ...

6 + 4 + 2
...... + ... = ...

3 + 8 + 2
...... + ... = ...

2 **Complète** les calculs en t'appuyant sur ce qui fait 10.

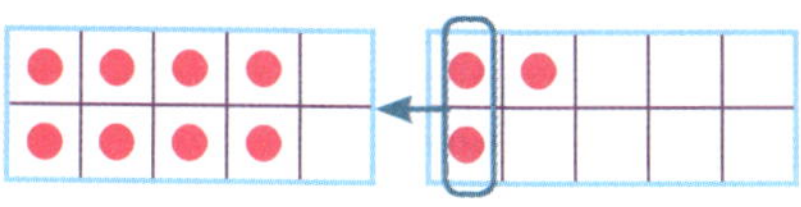

8 + 3
8 + 2 + 1 = ...

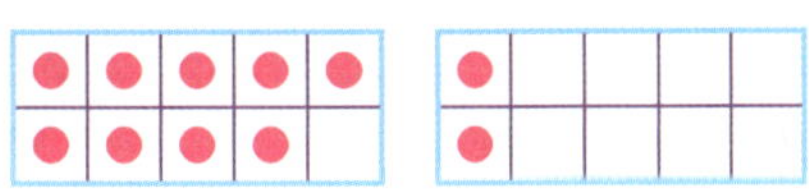

9 + 2
...... + ... + ... = ...

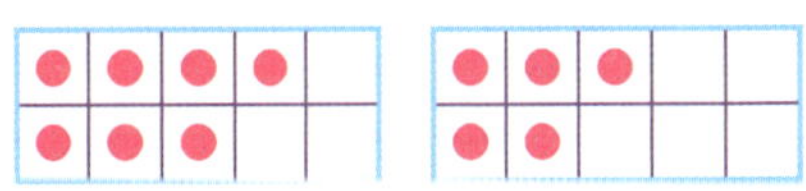

7 + 5
...... + ... + ... = ...

3 **Calcule** le nombre obtenu par les cartes. **Entoure** ce qui fait 10 pour t'aider.

1 + 9 + 5 = ...

...... + ... + ... = ...

...... + ... + ... = ...

4 **Complète**.

2 + 8 + 4 = ...
7 + 4 + 3 = ...
9 + 3 = ...
2 + 1 + 6 + 4 = ...

5 Archi fait tomber 3 quilles. Il obtient 15 points. Cherche deux scores possibles et **écris** tes calculs.

8 + ... + ... = 15
8 + ... + ... = 15

Compétence : Élaborer ou choisir des stratégies de calcul.

73 Les nombres de 40 à 49

CALCUL MENTAL
Énoncer des sommes de plusieurs petits nombres : 8 + 2 + 3, etc.

....

1 Combien de pommes Lali a-t-elle cueillies ? **Complète.**

10 + ... + ... + ... + ...

Lali a cueilli .... pommes.

C'est .... dizaines et .... unités.

2 Archi a tricoté 43 bonnets. Continue à **dessiner** les bonnets et **complète.**

10 + ... + ... + ... + ...

Il y a .... bonnets.

C'est .... dizaines et .... unités.

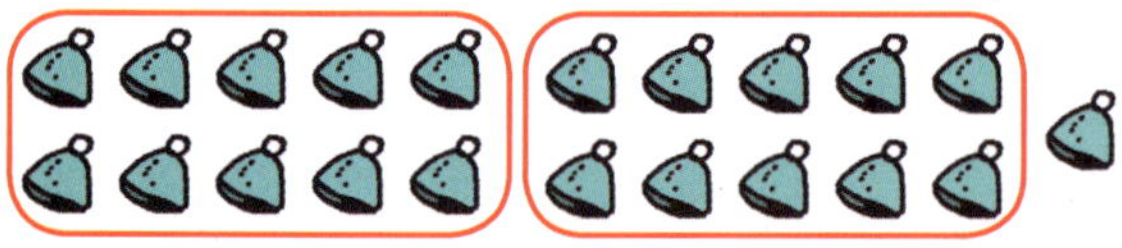

3 **Complète** les suites de nombres.

38 – .... – ....

.... – 46 – ....

.... – .... – 44

4 **Complète.**

quarante-deux	42	40 + 2	.... dizaines et .... unités
quarante-quatre	....	.... + ...	.... dizaines et .... unités
quarante-six	....	.... + ...	4 dizaines et 6 unités

5 Nino a cueilli 40 pommes. Il les range dans des caisses de 10.
Combien de caisses utilise-t-il ?

Nino utilise .... caisses.

6 **Complète.**

5 + ... = 10
7 + ... = 10
15 + ... = 20
17 + ... = 20

25 + ... = 30
23 + ... = 30
35 + ... = 40
33 + ... = 40

Compétence : Interpréter les noms des nombres (unités de numération et écritures arithmétiques).

74 Les nombres de 50 à 59

CALCUL MENTAL
Énoncer des décompositions du type : 40 + 2, 4 dizaines et 9 unités.

....

1 Combien de marrons Nino a-t-il ramassés ? **Complète.**

10 + ... + ... + ... + ... + ...

Nino a ramassé .... marrons.

C'est .... dizaines et .... unités.

2 Lali a ramassé 54 marrons.
Dessine-les et **complète.**

10 + ... + ... + ... + ... + ...

Lali a ramassé .... marrons.

C'est .... dizaines et .... unités.

3 **Complète** les suites de nombres.

54 – .... – .... – 50 – .... – .... – 59

4 **Complète.**

cinquante-six	....	50 + 6	.... dizaines et .... unités
	57	.... + ...	.... dizaines et .... unités
	....	.... + ...	5 dizaines et 2 unités

5 Archi a 53 billes. Il ne retrouve plus que 4 paquets de 10 billes et 3 billes seules.
Combien de billes a-t-il perdues ?

Archi a perdu .... billes.

75 JE M'ENTRAINE (2)

1 **Remplis** la file en complétant les additions.

6	7	8	5 + ...	7 + ...	2 + ...	.... + 6	8 + ...	10 + ...	7 + ...

2 **Complète.**

2 + 2 + 4 → ...... + ... = ...

6 + 4 + 3 → ...... + ... = ...

5 + 4 + 1 → ...... + ... = ...

3 Archi fait tomber 3 quilles. Il obtient 14 points. **Écris** 3 scores possibles.

.... + ... + ... = 14

.... + ... + ... = 14

.... + ... + ... = 14

4 **Entoure** ce qui fait 10, puis calcule.

9 + 3 + 1 = ...

3 + 6 + 4 = ...

5 + 8 + 5 = ...

5 + 3 + 7 = ...

5 **Complète** la file.

42	....	....	45	46	....	....	49	....	51	....	....	....	55	....

6 Lali a des billes. Elle gagne 8 billes à la récréation. Elle a 17 billes maintenant. **Combien de billes avait-elle avant la récréation ?**

Je colorie la bonne opération :

17 + 8 = 25 | 17 – 8 = 9

Lali avait .... billes.

76 Comparer et ranger les nombres jusqu'à 59

CALCUL MENTAL
Énoncer des décompositions du type : 50 + 6, 4 dizaines et 8 unités.

....	....	....	....	....

1 **Écris** 6 nombres différents à l'aide des 3 chiffres d'Archi.

....	....	....	....	....	....

Écris ces nombres du **plus petit** au **plus grand**.

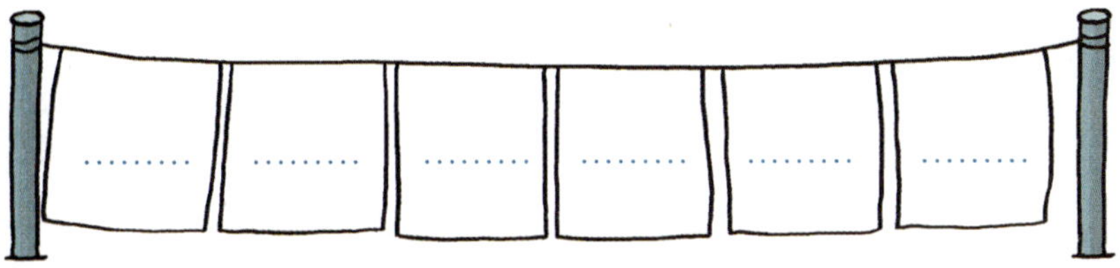

2 **Écris** 6 nombres différents à l'aide des 3 chiffres de Lali.

....	....	....	....	....	....

Écris ces nombres du **plus grand** au **plus petit**.

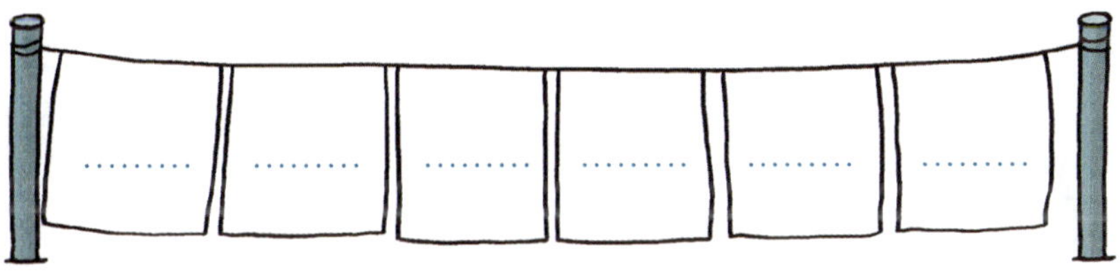

3 **Entoure** le nombre le plus petit.

47	30 + 5
50 + 8	50 + 9
40 + 4	50 + 0

4 **Colorie** le signe qui correspond.

23 < > 36	29 < > 12
47 < > 54	42 < > 52
25 < > 28	19 < > 13
34 < > 27	55 < > 58

5 **Écris** < ou >.

18 ◯ 45	34 ◯ 24
17 ◯ 36	26 ◯ 56
38 ◯ 42	24 ◯ 42

6 **Complète.**

8 + 5 + 2 = ...

1 + 5 + 6 + 4 = ...

4 + 4 + 3 = ...

77 Calculer avec les nombres jusqu'à 20

CALCUL MENTAL
Faire ajouter ou retrancher avec les nombres entre 40 et 59 : 46 + 3, 51 + 6, etc.

.... | .... | .... | .... | ....

1 **Dessine** les 17 briques d'Archi sur les 4 tapis volants.
Complète le calcul.

.... + ... + ... + ... = 17

Dessine les 17 briques sur les 2 tapis et **complète** le calcul.

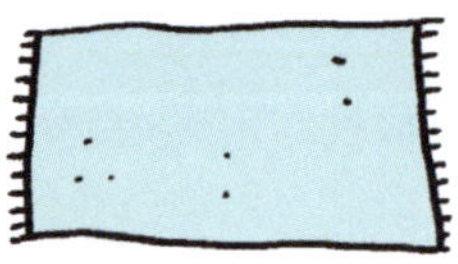
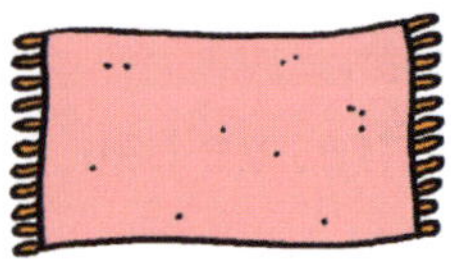

.... + ... = 17

2 Le père de Lali a payé 19 € chez le fleuriste. **Complète** le calcul.

8 + 2 + ... = 19

3 Nino donne des biscuits à Lali et à Archi. Il en garde 5 pour lui. **Complète**.

.... + ... + 5 = 16

4 Lali fait tomber 3 quilles. Elle obtient 18 points. **Écris** deux scores possibles.

.... + ... + ... = 18
.... + ... + ... = 18

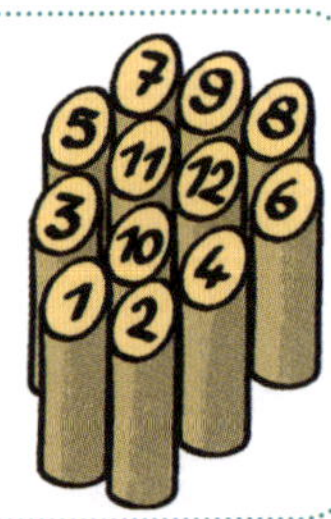

5 **Complète**.

+	7	8	9	10
6	13	....	....	....
7	....	....	....	....
8	....	....	....	....

6 **Complète** les suites de nombres.

35 – 36 – ....
.... – 43 – 44
46 – .... – 48

48 – 49 – ....
.... – 40 – 41
49 – .... – 51

Compétence : Élaborer ou choisir des stratégies de calcul.

78 Méli-mélo de problèmes

CALCUL MENTAL
Énoncer des sommes de plusieurs nombres dont le résultat est inférieur à 20.

....

1 L'entraineur doit laver les vêtements de 5 joueurs. Chaque joueur a un maillot, un short et une paire de chaussettes.
Combien de vêtements l'entraineur doit-il laver ?

L'entraineur doit laver .... vêtements.

2 Dans le jardin, il y a 3 poules et 6 chats. Nino les dessine.
Combien de têtes et de pattes dessine-t-il ?

Nino dessine .... têtes et .... pattes.

3 À chaque anniversaire, Natacha souffle des bougies. Hier, elle a eu 5 ans.
Combien de bougies a-t-elle soufflées depuis sa naissance ?

Natacha a soufflé .... bougies.

Leçons 55 à 78

BILAN

1 — Échanger 10 unités contre 1 dizaine.

Combien de bonnets y a-t-il ? **Complète.**

10 + ... + ... + ... + ... = ...

Il y a .... bonnets.

C'est .... dizaines et .... unités.

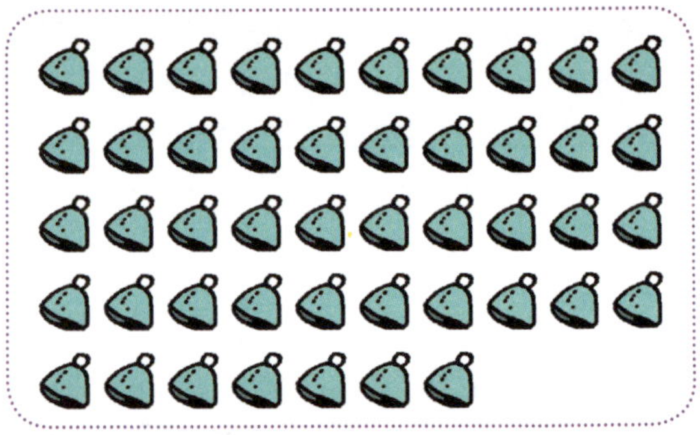

2 — Interpréter les noms des nombres.

Complète.

10 + 10 + 4 = ...	30 + 2 = ...	4 dizaines et 5 unités : ....
10 + 10 + 10 + 8 = ...	50 + 7 = ...	5 dizaines et 2 unités : ....
10 +10 + 10 + 10 + 7 = ...	20 + 2 = ...	2 dizaines et 2 unités : ....

3 — Comparer, ranger les nombres jusqu'à 59.

6 **Écris** les nombres à la bonne place.

20 40 28 25 41 51 58

17	....	....	26	....	29	35	....	....	49	....	53	....

4 — Comparer, ranger les nombres jusqu'à 59.

Lali et Nino ont participé à une course de ski.
Nino est arrivé 48e et Lali est arrivée 39e.
Colorie la bonne réponse.

Nino est arrivé [*avant* / *après*] *Lali.*

5 — Compléter à la dizaine supérieure.

Complète les calculs.

8 + ... = 10	5 + ... = 10	4 + ... = 10
18 + ... = 20	35 + ... = 40	22 + ... = 30
48 + ... = 50	15 + ... = 20	12 + ... = 20

....

6 Utiliser des stratégies de calcul.

Complète.

7 + 4 + 4 → ...... + ... = ...

3 + 7 + 6 → ...... + ... = ...

6 + 7 → ...... + ... + ... = ...

7 Se déplacer sur la bande numérique.

Réponds en t'aidant de la file.

17	18	19	20	21	22	23	24	25	26	27	28	29	30	31	32	33	34	35	36	37	38	39	40

- Je suis sur la case 39. Je recule de 12 cases. **Sur quelle case vais-je arriver ?** ....
- Je suis sur la case 31. Je recule. J'arrive à la case 20.

De combien de cases ai-je reculé ? ....

8 Reconnaitre le carré, le rectangle, le triangle.

Entoure en **rouge** les carrés, en **bleu** les triangles et en **vert** les rectangles.

9 Résoudre un problème.

Recopie l'opération qui permet de résoudre chaque problème.

20 + 12 = 32   20 – 12 = 8

- Lali donne 12 chouchous à sa meilleure amie.
Il lui reste 20 chouchous.
Combien avait-elle de chouchous ? ....

- Il y a 20 patineurs à la patinoire. 12 patineurs s'en vont.
Combien de patineurs reste-t-il ? ....

80 JEUX MATHÉMATIQUES

Sudoku Remplis les cases vides.

4	2		1
	3	2	
	4	1	
2		4	3

Chaque nombre doit être présent une seule fois par ligne, par colonne et par zone de couleur.

Fubuki Place les nombres dans les cases pour réaliser les sommes indiquées à chaque ligne et à chaque colonne. Tous les nombres doivent être placés une et une seule fois.

2 3 ~~4~~ 5 ~~8~~ 9

8		7	17
	1		9
6	4		19
17	7	21	

~~1~~ 2 4 5 ~~7~~ 8

1		6	9
	9		21
3		7	15
12	16	17	

le labynombre Cherche la case sortie d'Archi. Passe de case en case en ajoutant 2 !

8	10	12	18	4	43
7	16	14	16	13	31
15	22	16	33	49	39
22	20	18	38	34	36
24	26	28	30	32	38

Triangles magiques Place les nombres de 1 à 6 dans les ronds pour que la somme de chaque côté du triangle soit la même.

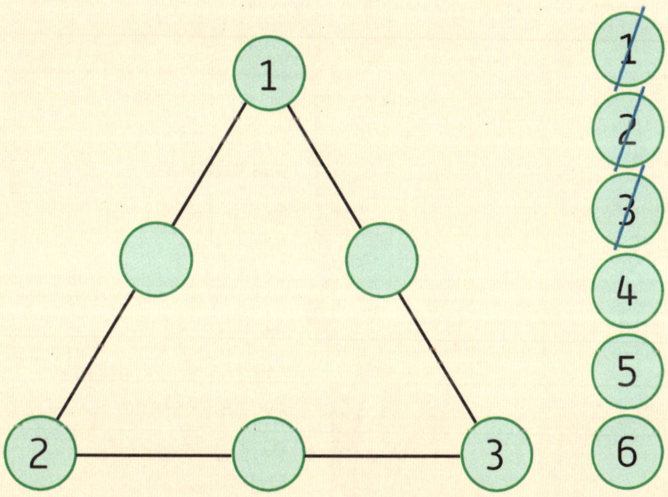

Maintenant essaie avec ce nouveau triangle :

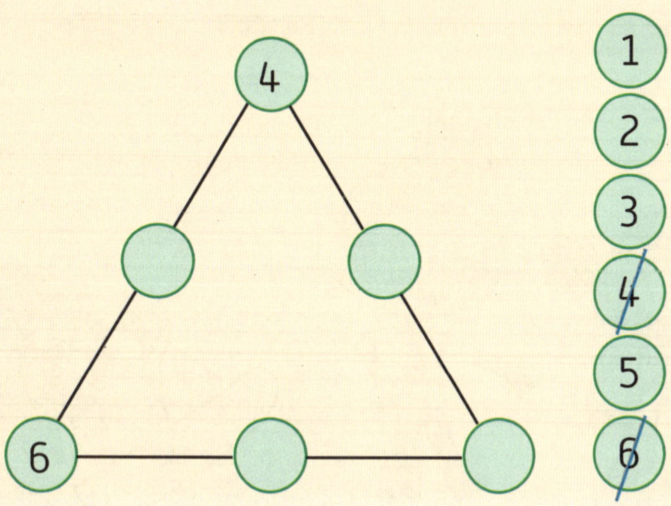

EN ROUTE POUR

lienmini.fr/archicp7

Défi 7 *Lire l'heure*

L'AVENTURE !

PÉRIODE 4

lienmini.fr/archicp8

Défi 8 *Comparer des longueurs*

81 Se repérer dans la journée en utilisant les heures

CALCUL MENTAL
Énoncer des calculs issus des tables d'addition de 2 à 6.

....

1 **Relie** chaque image à l'horloge qui correspond.

2 **Colorie** l'aiguille des heures en **bleu**.

2 heures	5 heures	11 heures

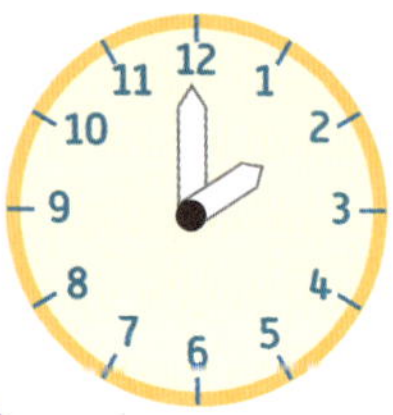
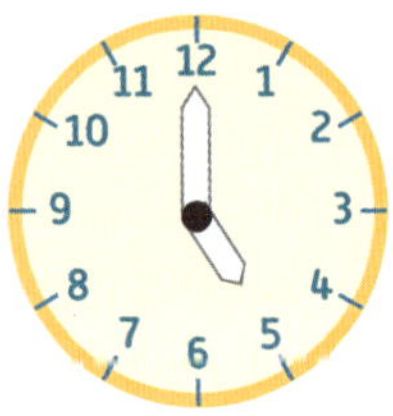

3 **Dessine** l'aiguille manquante en **rouge** ou en **bleu**.

4 heures	6 heures	2 heures

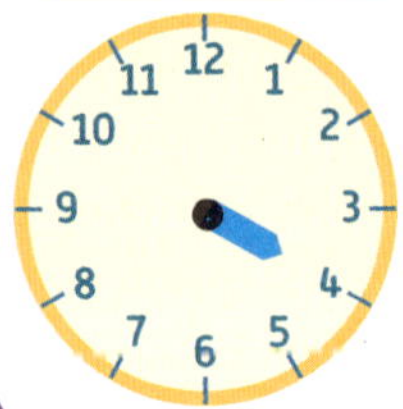

4 **Relie** chaque réveil à l'horloge qui correspond.

5 **Complète** avec < ou >.

25 … 5	7 … 17	18 … 21	20 … 19
47 … 28	31 … 32	23 … 32	48 … 40

Compétence : Utiliser le lexique, les unités, les instruments de mesures spécifiques de durées.

Construire des collections à partir de décompositions

CALCUL MENTAL
Énoncer des calculs issus des tables d'addition de 7 à 9.

....	....	....	....	....

1 Les hamsters ont faim ! Lali et Nino veulent leur cuisiner des œufs brouillés.
Colorie en **rouge** les œufs que prend Lali et en **vert** les œufs que prend Nino.

2 **Colorie** 4 dizaines et 6 unités.

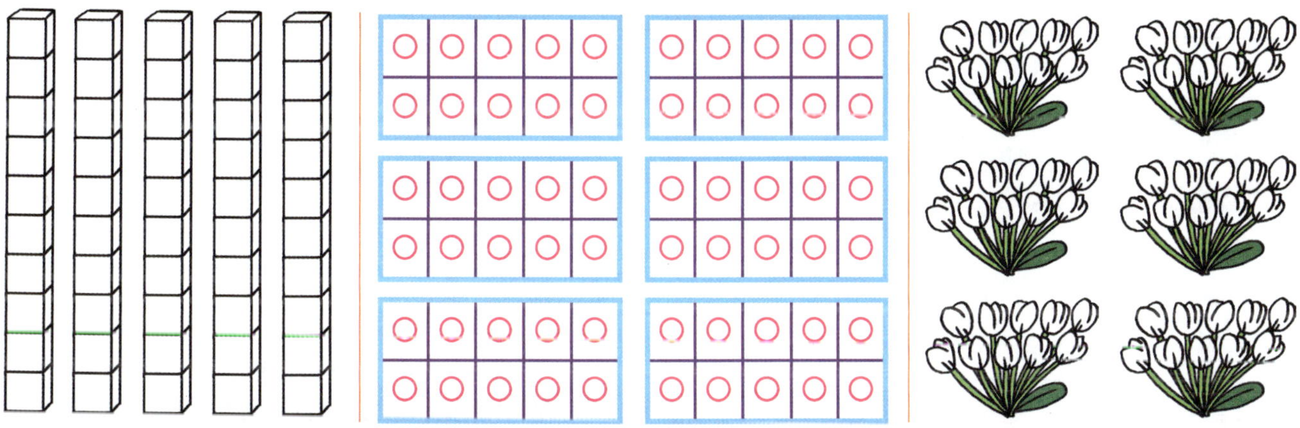

3 **Complète** le tableau comme dans l'exemple.

25	10 + 10 + 5	20 + 5	10 10 ○ ○ ○ ○ ○
....	....	50 + 2	
....	10 + 10 + 10	....	
....	....	40 + 9	

83 Le tableau des nombres jusqu'à 59

CALCUL MENTAL
Énoncer des nombres sous la forme de dizaines et d'unités.
Ex. : 3 dizaines et 8 unités.

…………	…………	…………	…………	…………

1 Les hamsters de Jasper ont encore faim : ils ont grignoté des cases du tableau des nombres. Drôle de dessert ! Répare-le : **complète** les cases qui manquent.

0	1	2	3	4	5	6	7	8	9
10	……	12	13	……	15	16	17	18	……
……	21	22	23	24	25	……	27	28	29
30	31	……	……	34	35	36	37	38	39
40	41	42	43	……	……	……	47	48	49
……	51	52	53	54	55	56	……	……	……

2 **Écris** les nombres au bon endroit.

57 36 24 33 42 54 27 45

22	23	……	25	26	……
32	……	34	35	……	37
……	43	44	……	46	47
52	53	……	55	56	……

3 **Complète** les cases vides.

10	11	……	13	14	……
20	……	……	……	24	……
……	31	……	33	……	……
……	……	42	43	44	45

4 Qui suis-je ? **Complète**.

- *Mon chef de famille est 30 et j'ai 7 unités :* ……… .
- *J'ai 5 unités et mon chef de famille est 20 :* ……… .
- *Je suis un chef de famille ayant 5 dizaines :* ……… .
- *Je suis le nombre avant 35 :* ……… .
- *Je suis un nombre avec 9 unités :* ……… .

5 Lali a cueilli 19 cerises. Elle les distribue à Nino, Anita et Malik. **Dessine** les 19 cerises sur les plateaux et **complète** le calcul.

……… + ……… + ……… = 19

Compétence : Interpréter les noms des nombres (unités de numération et écritures arithmétiques).

34 Ajouter ou retrancher 10

CALCUL MENTAL
Énoncer des calculs issus des tables d'addition.

....

1 **Dessine** les noisettes obtenues après chaque lancer de dé. **Écris** leur nombre.

27 → +10 → ....

34 → −10 → ....

2 **Écris** le nombre obtenu après chaque lancer de dé.

24 +10 ....

37 −10 ....

10 +10 ....

42 +10 ....

56 −10 ....

0	1	2	3	4	5	6	7	8	9
10									
20				24					
30							37		
40		42							
50						56			

3 **Complète.**

6 → +10 → .... → +10 → ....

.... ← −10 ← 12 → +10 → ....

31 → +10 → .... → +10 → ....

38 → +10 → .... → +10 → ....

.... ← −10 ← .... ← −10 ← 50

.... ← −10 ← .... ← −10 ← 57

4 **Complète.**

14 + 10 = ... 10 + 36 = ... 25 − 10 = ... 55 − 10 = ...

46 + 10 = ... 10 + 25 = ... 48 − 10 = ... 30 − 10 = ...

Compétence : Mémoriser des faits numériques et des procédures.

85 Ajouter ou retrancher des dizaines entières

CALCUL MENTAL
Énoncer des opérations avec + 10 et – 10. *Ex.* : 34 + 10, 39 – 10.

| .... | .... | .... | .... | .... |

1 **Dessine** les noisettes obtenues après chaque lancer de dé. **Écris** leur nombre.

21 — +20 — ....

48 — -30 — ....

2 **Écris** le nombre obtenu après chaque lancer de dé.

Nombre	Dé	Résultat
16	+20	....
27	+10	....
34	-20	....
26	+20	....
52	-30	....

0	1	2	3	4	5	6	7	8	9
10						16			
20						26	27		
30				34					
40									
50		52							

3 **Complète.**

13 + 20 = ... 18 + 30 = ... 26 + 10 = ... 5 + 30 = ...

16 – 10 = ... 36 – 20 = ... 54 – 30 = ... 45 – 10 = ...

4 **Complète.**

14 + 30 = ... 30 + 25 = ...

26 – 10 = ... 48 – 20 = ...

40 + 12 = ... 39 – 10 = ...

5 **Dessine** l'aiguille manquante.

7 heures 10 heures 3 heures

Compétence : Mémoriser des faits numériques et des procédures.

86 La table d'addition (2)

CALCUL MENTAL
Énoncer des opérations avec l'ajout ou le retrait de dizaines entières.
Ex. : 2 + 30, 41 – 20.

....

1 Lali doit apprendre par cœur les résultats de la table d'addition, mais Archi a marché sur certaines cases ! Aide Lali : **complète** les cases restantes.

+	3	4	5	6	7	8	9
3		....			....		....
4			....	....	....		
5	....			....			....
6						....	
7			....	....		....	

2 **Recopie** les calculs dans les bonnes maisons.

7 + 7 | 8 + 8 | 6 + 10 | 5 + 9 | 9 + 6 | 9 + 7 | 10 + 5 | 7 + 8 | 6 + 8

3 **Complète** les calculs.

3 + ... = 8
11 = ... + 5
9 + ... = 17
7 = ... + 4
16 = 7 + ...
5 + ... = 15

7 + ... = 12
9 = 5 + ...
13 = ... + 9
8 + ... = 15
12 = 6 + ...
11 = 9 + ...

4 À l'aide de ton pochoir, **trace** un carré et un triangle.

Compétence : Mémoriser des faits numériques et des procédures.

87 Suivre et coder un chemin sur quadrillage

CALCUL MENTAL
Énoncer des calculs issus des tables d'addition.

....	....	....	....	....

1 Archi s'entraine à dresser un lapin. Il veut l'emmener jusqu'à la carotte.
Continue de tracer son trajet sur le quadrillage.

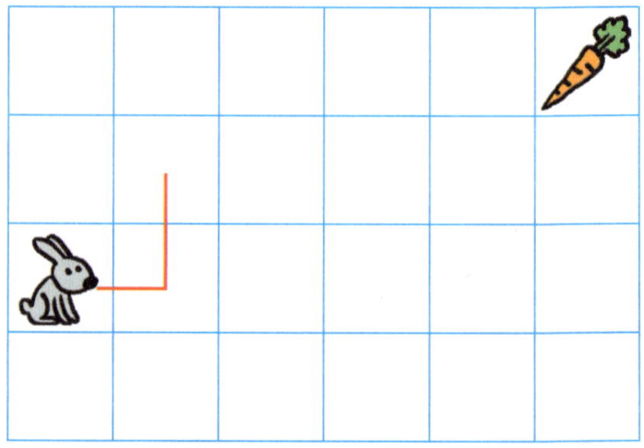

2 **Trace** le chemin emprunté par la souris pour manger le gruyère.

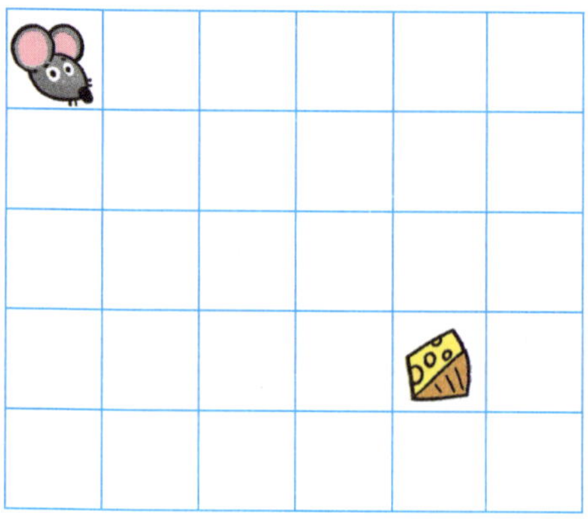

↓	→	→	→	→	↓	↓

3 La grenouille ne passe que par les nénufars en fleur. **Code** son chemin jusqu'à la mouche.

4 **Code** le chemin rouge qui va de la case D à la case A.

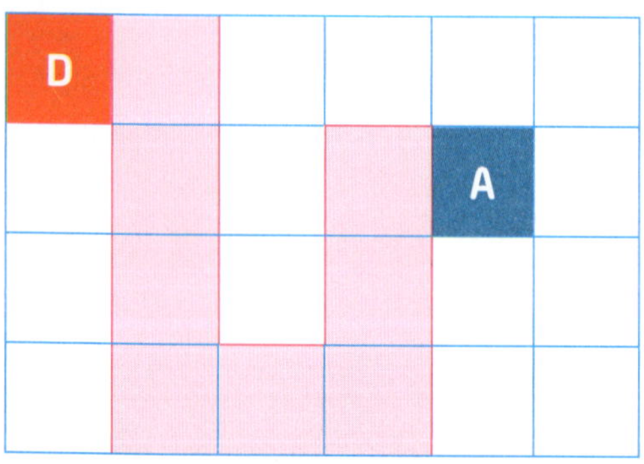

D									A

5 **Complète** les calculs.

15 + 10 = ... 25 + 20 = ...

7 + 10 = ... 42 – 30 = ...

35 – 10 = ... 20 + 12 = ...

57 – 10 = ... 57 – 20 = ...

45 + 10 = ... 5 + 30 = ...

Compétence : Coder ou décoder pour prévoir, représenter et réaliser des déplacements sur un quadrillage.

88 Les nombres de 60 à 69 (1)

CALCUL MENTAL
Énoncer des calculs qui ont 10 pour résultat.

……… ……… ……… ……… ………

1 Combien d'allumettes a chaque enfant ? **Complète.**

10 + ………………………………………………

Lali a ……… allumettes.

C'est ……… dizaines et ……… unités.

20 + ………………………………………………

Nino a ……… allumettes.

C'est ……… dizaines et ……… unités.

2 **Complète** la suite des nombres.

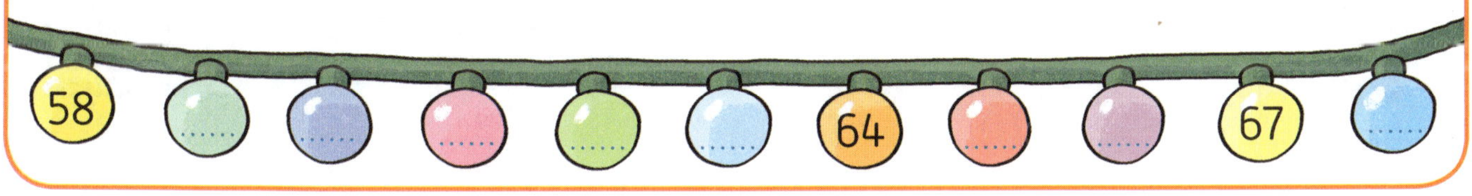

3 **Complète** le tableau comme dans l'exemple.

soixante-cinq	65	60 + 5	6 dizaines et 5 unités
soixante	60	……… + ………	……… dizaines et ……… unité
soixante-neuf	………	……… + ………	……… dizaines et ……… unités
soixante-deux	………	……… + ………	……… dizaines et ……… unités

4 La dompteuse a préparé les plots pour un numéro avec 30 souris. 17 souris sont arrivées. **Combien de souris manque-t-il ?**

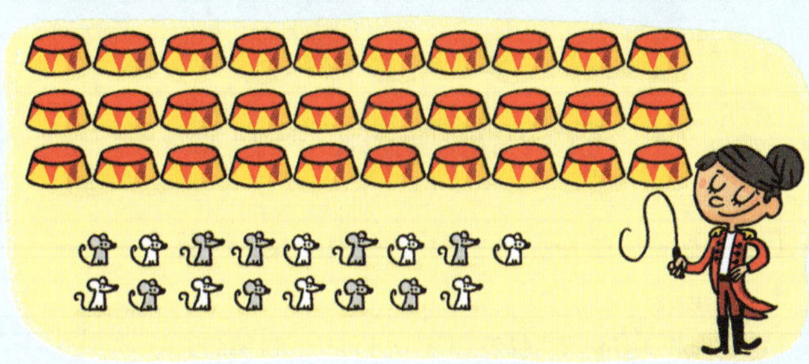

Il manque ……… souris.

Compétence : Utiliser diverses représentations des nombres.

89 Les nombres de 60 à 69 (2)

CALCUL MENTAL
Énoncer des décompositions entre 60 et 69. ➔ Les élèves écrivent le nombre correspondant.

....

1 Nino range ses 63 allumettes dans des boites de 10.
Continue à les dessiner, puis **complète**.

10	10	10

30 + ... = 63

2 **Entoure** :

69 perles

60 points

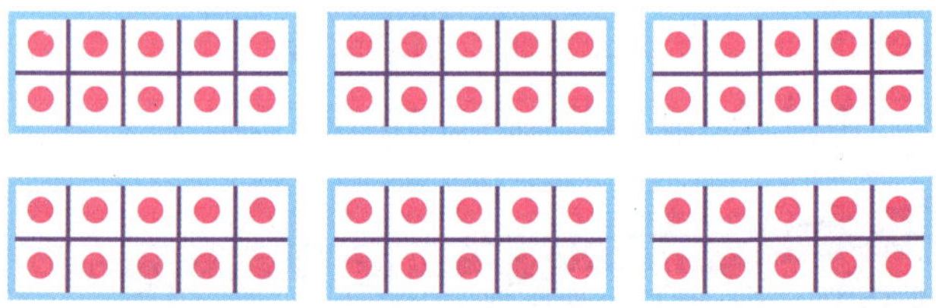

3 **Entoure** le bon nombre.

soixante-quatre :	64	46
soixante-deux :	26	62
soixante-huit :	86	68

4 **Complète** avec < ou >.

68 ◯ 65 60 ◯ 66

10 + 10 + 10 + 10 + 10 + 9 ◯ 67

64 ◯ 46 30 + 29 ◯ 30 + 35

5 La maman de Lali veut acheter des rollers à sa fille. Ils coutent 60 euros.
Elle a 48 euros :

Combien d'euros lui manque-t-il ?

Il lui manque .... euros.

Compétence : Utiliser diverses représentations des nombres.

90 Les moitiés

CALCUL MENTAL
Énoncer des décompositions jusqu'à 69. → Les élèves écrivent le nombre correspondant.

....

1 Lali et Nino veulent planter 16 graines de haricots. Ils les partagent en deux parts égales. **Dessine** les graines de Lali, puis celles de Nino. **Complète**.

.... + ... = 16

La moitié de 16, c'est ....

Lali et Nino ont chacun .... graines.

2 **Entoure** la moitié et **complète**.

.... + ... = 6 — *La moitié de 6, c'est ....*

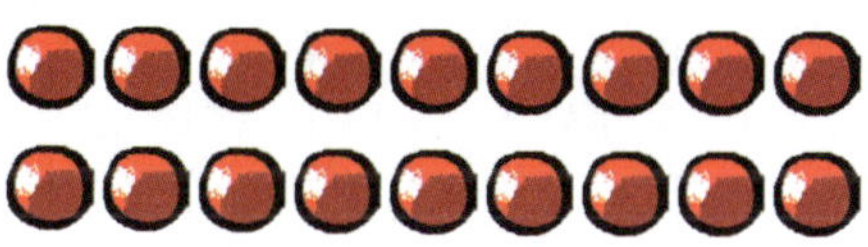

.... + ... = 18 — *La moitié de 18, c'est ....*

.... + ... = 14 — *La moitié de 14, c'est ....*

3 **Complète**.

5 + ... = 10 — *La moitié de 10, c'est ....*

4 + ... = 8 — *La moitié de 8, c'est ....*

2 + ... = 4 — *La moitié de 4, c'est ....*

10 + ... = 20 — *La moitié de 20, c'est ....*

4 Nino reçoit des invités. Il y a 10 chaussures dans l'entrée. **Combien d'invités y a-t-il ?**

Il y a .... invités.

Compétence : Mémoriser des faits numériques et des procédures.

91 Écrire un nombre sous différentes formes

CALCUL MENTAL
Faire écrire les résultats de la moitié de 4, la moitié de 12, etc.

....

1 Aide Nino : **relie** les étiquettes à la quantité qui correspond.

2 d et 9 u

1 d et 7 u

4 d et 1 u

3 d et 5 u

2 **Colorie** les cases du tableau qui sont fausses.

23
20 + 3
3 d et 2 u
10 + 10 + 3

36
30 + 6
3 d et 6 u
10 + 10 + 10 + 10 + 6

49
40 + 6
4 d et 9 u
10 + 10 + 10 + 10 + 9

3 **De combien d'œufs Archi a-t-il besoin ?**

Archi a besoin de .... œufs.

4 **Complète** les cases vides du tableau des nombres.

14	15	....	17
....	25	26	....
34	....	....	37
....	....	46	47
....	55	....	....

Compétence : Utiliser diverses représentations des nombres.

JE M'ENTRAINE (1)

1 **Dessine** l'aiguille des heures en **bleu**.

4 heures

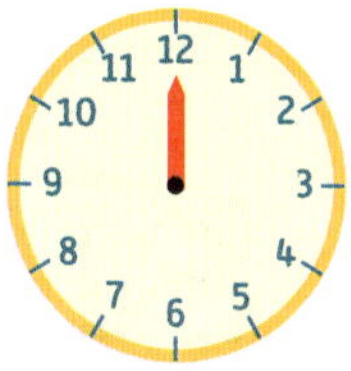

10 heures

9 heures

12 heures

2 **Complète** le tableau comme dans l'exemple.

48	4 dizaines et 8 unités	10 + 10 + 10 + 10 + 8	40 + 8
....	.... dizaines et .... unités	....	30 + 6
....	.... dizaines et .... unité	10 + 10 + 10+ 10 + 10 +10 + 1	....
....	3 dizaines	....	....
57	.... dizaines et .... unités	....	....

3 **Complète** les calculs.

13 + 10 = ... 39 + 10 = ... 15 + 20 = ... 30 + 26 = ...

40 – 10 = ... 25 – 10 = ... 48 – 30 = ... 29 – 10 = ...

4 **Colorie** un chemin qui part de 17 pour aller à 37 et **écris** l'opération :

17 + ... = 37

Colorie un chemin qui part de 32 pour aller à 12 et **écris** l'opération :

32 – .... = 12

10	11	12	13	14	15	16	17	18	19
20	21	22	23	24	25	26	27	28	29
30	31	32	33	34	35	36	37	38	39

5 **Combien d'euros y a-t-il ?**

...... €

93 Lire l'heure

CALCUL MENTAL
Énoncer des opérations avec l'ajout ou le retrait d'une unité.

....

1 À quelle heure sonne le réveil de chaque hamster ? **Complète.**

.... heures

.... heures

.... heures

2 **Entoure** en **rouge** les heures du matin et en **vert** les heures de l'après-midi.

3 **Dessine** les aiguilles sur les horloges et **complète**.

3 heures	8 heures	17 heures

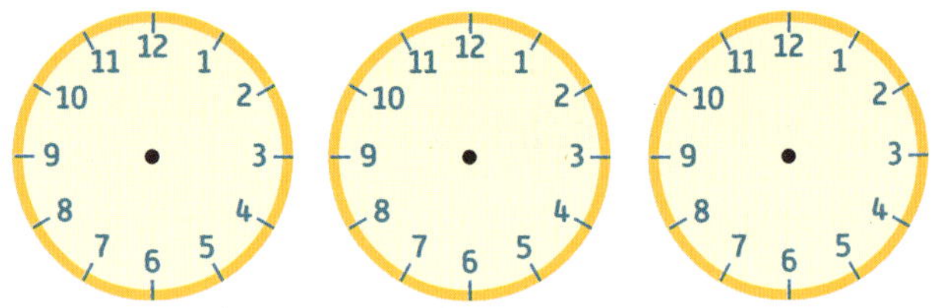

3 : 00	.... :	.... : ....

4 **Colorie** de la même couleur les horloges et les réveils qui indiquent la même heure.

5 **Entoure** 40 abeilles.

Compétence : Utiliser le lexique, les unités, les instruments de mesures spécifiques de durées.

94 Résoudre des problèmes de géométrie

CALCUL MENTAL
En appui sur le tableau des nombres, énoncer des devinettes.
Ex. : Je suis le nombre avant 50.

....

1 Archi veut attraper 5 vaches qui sont dans le pré. Pour cela, il doit les enfermer dans un carré. **Relie** les points pour tracer le carré qui permettra d'enfermer les 5 vaches.

2 **Combien y a-t-il de triangles dans cette figure ?** **Utilise** tes crayons de couleur pour chercher.

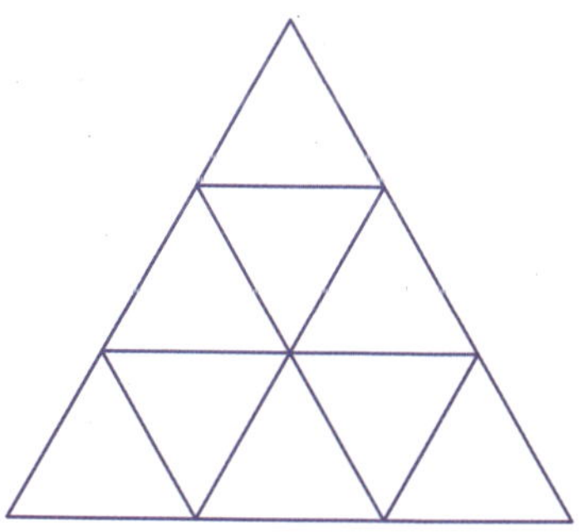

Essai 1 :

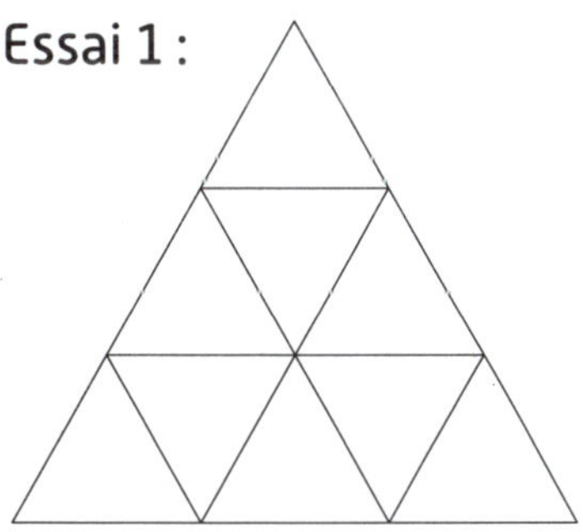

Essai 2 :

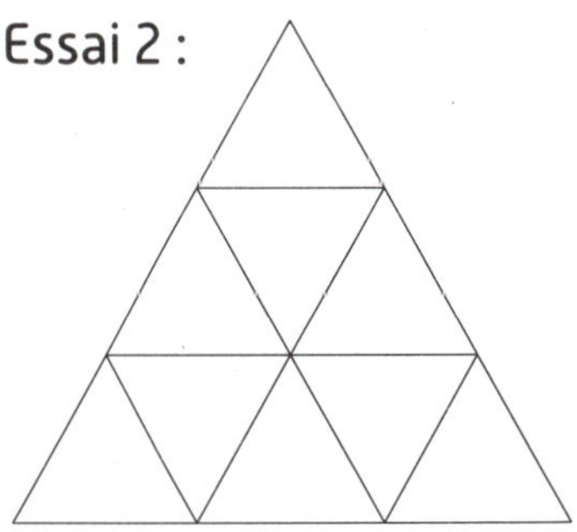

Il y a .... triangles en tout.

3 Archi veut terminer ce mur de briques. **Combien de briques lui manque-t-il ?**

Il lui manque .... briques.

95 Comparer des longueurs

CALCUL MENTAL
Montrer des heures entières sur une horloge à aiguilles. → Faire écrire l'heure correspondante.

....

1 **Entoure** en **rouge** les rubans qui sont plus petits que ta bande bleue. **Entoure** en **vert** les rubans qui sont plus grands. **Entoure** en **bleu** les rubans qui sont de la même taille.

2 Qui a construit la plus longue ligne de spaghettis ? Utilise la bande bleue de ton matériel pour reporter les longueurs et **entoure** la bonne réponse.

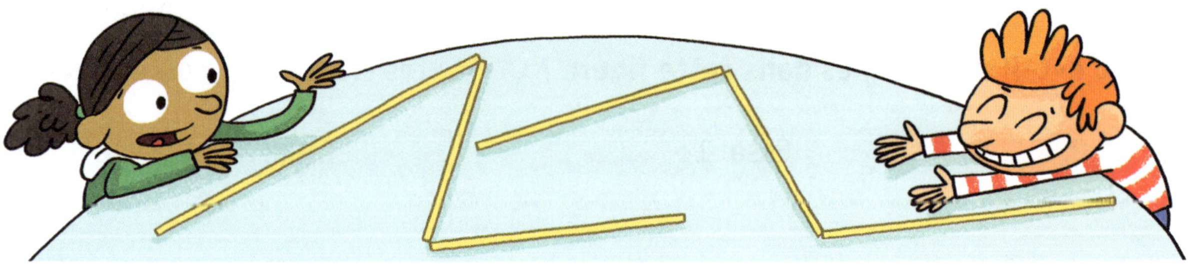

C'est  *qui a construit la plus longue ligne de spaghettis*

3 La cantine de l'école peut accueillir 62 enfants. 57 enfants sont déjà assis.
Combien d'enfants peuvent encore s'assoir ?

49	50	51	52	53	54	55	56	57	58	59	60	61	62	63	64	65

.... *enfants peuvent encore s'assoir.*

Compétence : Comparer des longueurs en introduisant la comparaison à un objet intermédiaire.

96 Mesurer et comparer des longueurs

CALCUL MENTAL
Énoncer des additions simples
à deux ou trois termes.
Ex. : 9 + 3, 7 + 4 + 2, etc.

....

1 **Mesure** les chemins des deux hamsters à l'aide de ta bande unité rouge et **entoure** la bonne réponse.

.... unités .... unités

Le chemin le plus long est celui de   .

2 Combien de wagons contient ce train ? Aide-toi de ta bande unité rouge et **complète**.

Le train contient .... wagons.

3 **Mesure** les bandes de couleur, puis **complète** le tableau.

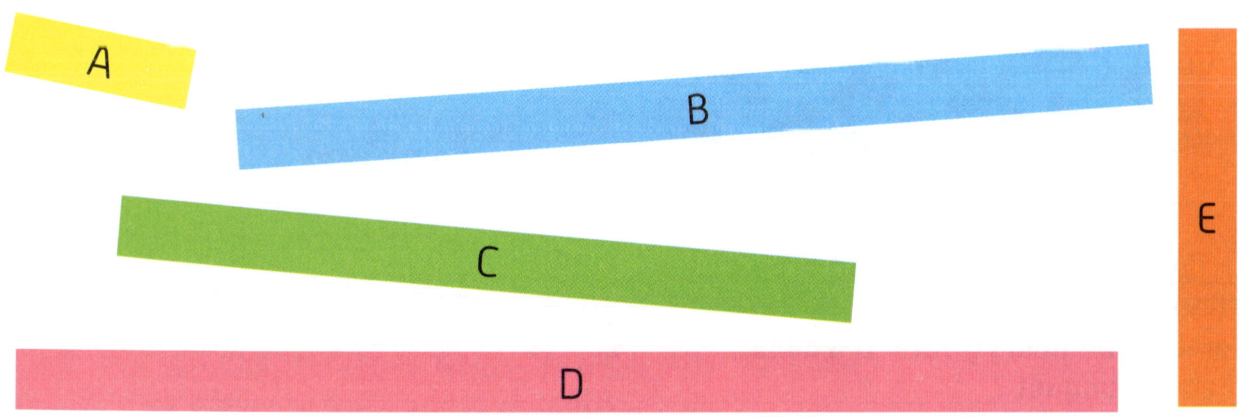

Bande	A	B	C	D	E
Mesure en bandes unités	1	....	....	....	....

Range les bandes de la plus longue à la plus courte. **Écris** la lettre qui correspond.

.... A

97 Résoudre des problèmes de partage

CALCUL MENTAL
Énoncer des additions simples
à deux ou trois termes.
Ex. : 4 + 5, 7 + 8 + 4, etc.

....

1 Nino, Chan, Lali et Pablo ont cueilli 20 mures. Ils veulent en avoir autant chacun.
Combien de mures aura chaque enfant ?

....

Chaque enfant aura .... mures.

2 La grand-mère de Lali a 24 chaussures. Elle veut les ranger par 2 dans des boites.
Combien de boites utilisera-t-elle ?

Elle utilisera .... boites.

3 Le fleuriste a 15 fleurs. Il veut préparer 3 bouquets identiques.
Combien de fleurs y aura-t-il dans chaque bouquet ?

....

Il y aura .... fleurs dans chaque bouquet.

Compétence : Résoudre des problèmes relevant de situations de partage.

98 Les nombres de 70 à 79

CALCUL MENTAL
Énoncer des calculs issus des tables d'addition.

....

1 Jasper range ses 75 balles de jonglage dans des seaux de 10. **Continue** le dessin pour que Jasper ait bien 75 balles sur la piste, puis **complète**.

75 = 10 + 10 + 10 + 10 + 10 + ...

75, c'est .... dizaines et .... unités.

2 **Combien de bulles Lali a-t-elle faites ? Complète.**

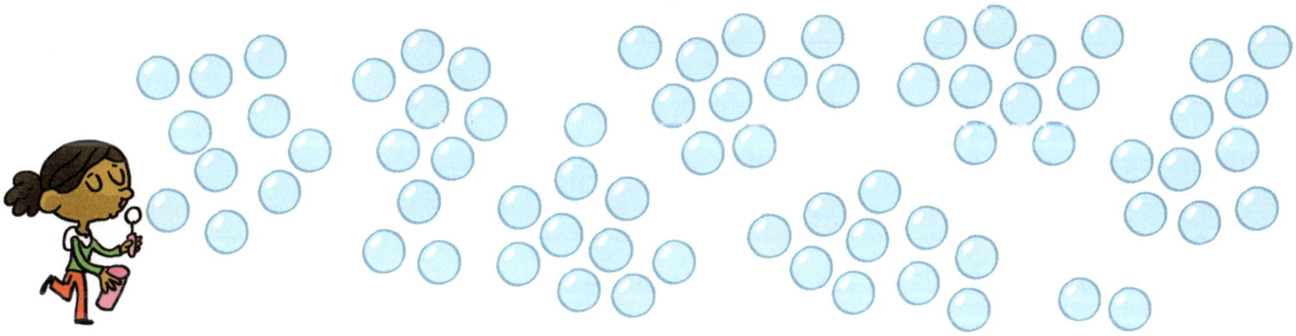

Lali a fait .... bulles.

3 **Complète** la file et **relie** les étiquettes aux nombres en chiffres.

69	....	71	....	....	74	....	76	....	....	79

soixante-treize — *soixante-dix* — *soixante-seize* — *soixante-dix-huit*

4 **Complète.**

60 + 19 = ... 60 + 17 = ... 70 + 3 = ...

60 + 15 = ... 60 + 12 = ... 70 + ... = 78

Compétence : Utiliser diverses représentations des nombres.

99 Les nombres de 60 à 79

CALCUL MENTAL
Énoncer des décompositions entre 70 et 79. → Les élèves écrivent le nombre correspondant.

....

1 **Colorie** de la même couleur ce qui représente le même nombre.

2 **Complète**.

70 + 1 = ... 60 + 9 = ... 60 + 17 = ... 20 + 6 = ...

60 + 3 = ... 7 + 5 = ... 70 + 7 = ... 60 + 11 = ...

7 dizaines et 2 unités : .... 6 dizaines et 2 unités : .... 7 dizaines : ....

3 **Dessine** des pièces et des billets pour obtenir 74 euros.

4 Au début de l'année, il y avait 6 dizaines de crayons dans la classe.
25 crayons ont été perdus.
Combien de crayons reste-t-il ?

Il reste .... crayons.

Compétence : Utiliser diverses représentations des nombres.

Comparer et ranger les nombres jusqu'à 79

CALCUL MENTAL
Énoncer des décompositions jusqu'à 79. → Les élèves écrivent le nombre correspondant.

....

1 **Écris** 6 nombres différents à l'aide des 3 chiffres tenus par chaque personnage.

....

Écris ces nombres du **plus petit** au **plus grand**.

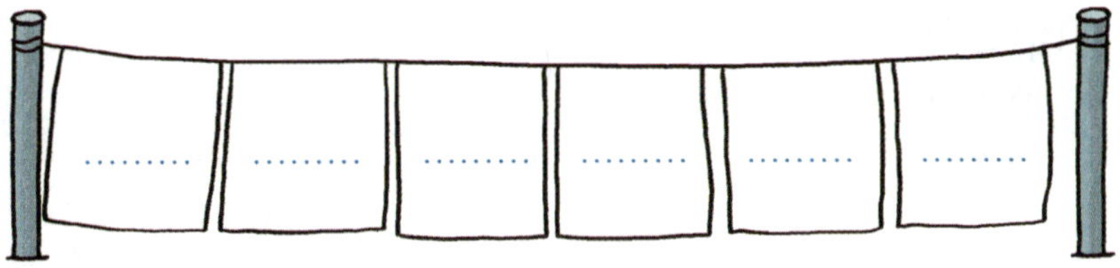

....

Écris ces nombres du **plus grand** au **plus petit**.

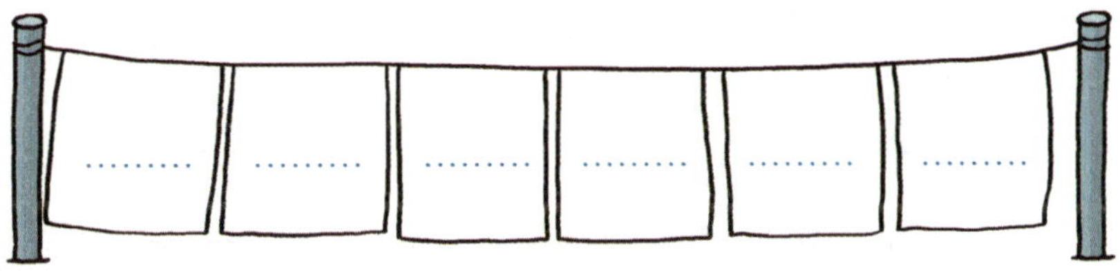

2 **Écris** < ou >.

45 ◯ 62
78 ◯ 54
63 ◯ 36
40 ◯ 70

28 ◯ 70
61 ◯ 69
78 ◯ 77
72 ◯ 27

3 **Colorie** le nombre le plus grand.

60 + 2	42
27	70 + 2
66	6 dizaines

4 **Écris** < ou >.

75 ◯ 70 + 2 40 + 6 ◯ 60 + 4 62 ◯ 2 dizaines et 6 unités

68 ◯ 6 dizaines 10 + 10 + 10 + 2 ◯ 10 + 10 + 10 + 10 + 10 + 5

5 **Colorie** les rectangles en **vert** et les carrés en **bleu**.

101 Se repérer et se déplacer sur le plan de la classe

CALCUL MENTAL
Énoncer des ajouts ou des retraits de petits nombres jusqu'à 79.
Ex. : 66 + 3, 67 − 2, etc.

………… ………… ………… ………… …………

1 **Observe** l'illustration, puis **suis** les consignes.

- **Colorie** : – les tables en **marron** – la porte en **rouge**
  – le tableau en **vert** – l'armoire en **orange**.
- **Colorie** en **bleu** la fenêtre du milieu.
- **Colorie** les bonnes réponses :

Le pot de fleur est [devant / sur] *le bureau de la maitresse et* [derrière / devant] *Nino.*

2 **Trace** les chemins de Lali et de la maitresse en suivant les indications.

Lali passe par l'allée du milieu et récupère son ballon près de l'armoire au fond de la classe, puis sort de la classe en passant devant les fenêtres.

La maitresse va chercher une craie dans l'armoire et reviens la donner à Archi en passant par la rangée de gauche.

Compétence : S'orienter et se déplacer en utilisant des repères.

1 **Entoure** la moitié de chaque collection, puis **complète** le calcul.

.... + ... = 8

.... + ... = 12

.... + ... = 20

2 **Colorie** de la même couleur les étiquettes qui représentent le même nombre.

soixante-quatre

trente-cinq

5 d et 3 u

53

5 u et 3 d

68

seize

16

4 u et 6 d

6 u et 1 d

soixante-huit

8 u et 6 d

3 Lali, Nino et Archi se partagent 15 cerises.
Combien de cerises ont-ils chacun ?

Chacun a .... cerises.

4 Lali et Nino se partagent 32 €.
Combien d'euros aura chacun ?

Chacun aura .... euros.

5 **Complète**.

60 + 12 = ...

60 + 14 = ...

70 + 9 = ...

60 + 2 = ...

70 + 4 = ...

70 + ... = 77

103 Assembler des figures géométriques simples (2)

CALCUL MENTAL
Énoncer des phrases du type :
Vous avez 62, combien faut-il ajouter pour aller à 70 ?

....	....	....	....	....

1 Ces dessins ont été réalisés avec des figures de ton pochoir. Utilise-le et **trace** les côtés des figures qui manquent. **Complète** les phrases avec le nom des figures qui convient.

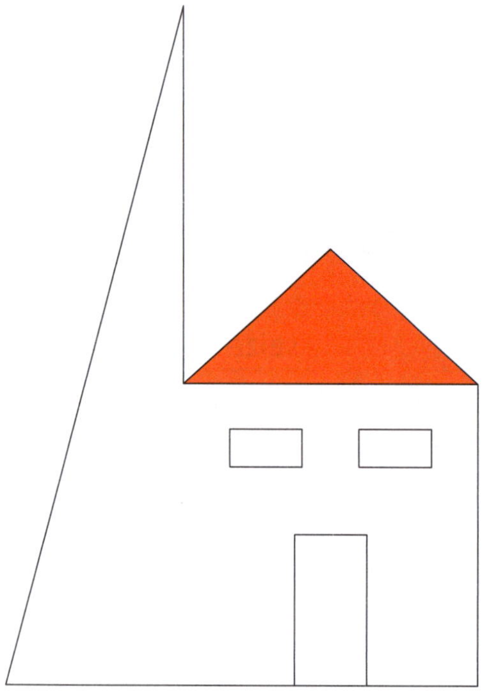

Cette maison a été réalisée
avec le ______________
et le ______________ .

Ce bonhomme a été réalisé
avec le ______________ ,
puis le ______________
et le ______________ .

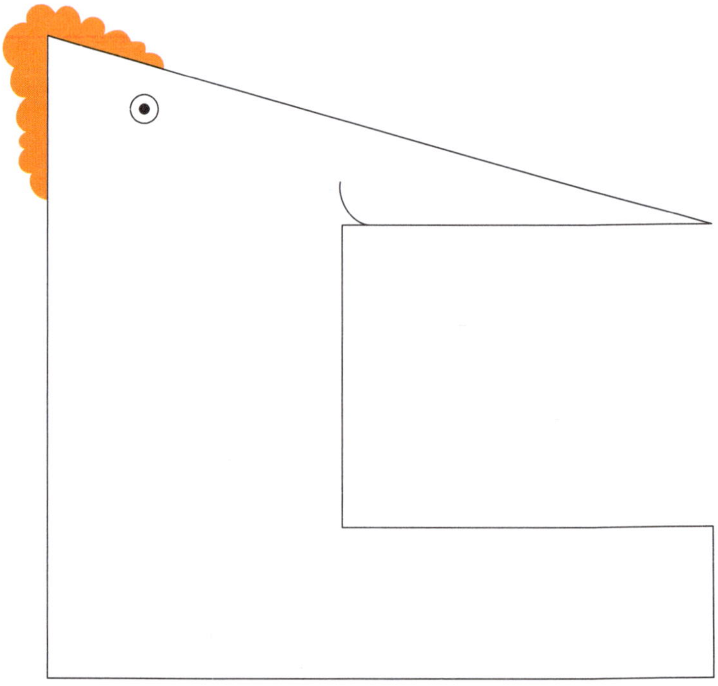

Compétence : Reproduire des assemblages de figures planes sur papier uni.

04 Méli-mélo de problèmes

CALCUL MENTAL
Énoncer des sommes de plusieurs nombres dont le résultat est inférieur ou égal à 20. *Ex.* : 4 + 6 + 8.

....

1 Lali, Nino, Archi et Bokary sont dans la tour.
Archi (A) est tout en bas de la tour.
Nino (N) est plus haut que Lali (L).
Bokary (B) est entre Nino et Lali.

Où se trouve chaque personnage ?

Écris les initiales de chaque prénom.

Essai 1	Essai 2	Essai 3
....	....	....
....	....	....
....	....	....
....	....	....

2 Archi a colorié 4 figures géométriques avec ces 4 couleurs.

jaune bleu vert rouge

Colorie chaque forme de la bonne couleur en t'aidant des indices.

Le carré n'est pas vert.
Le cercle est jaune.
La figure bleue n'a pas 4 côtés.

Essai 1
Essai 2
Essai 3
Réponse :

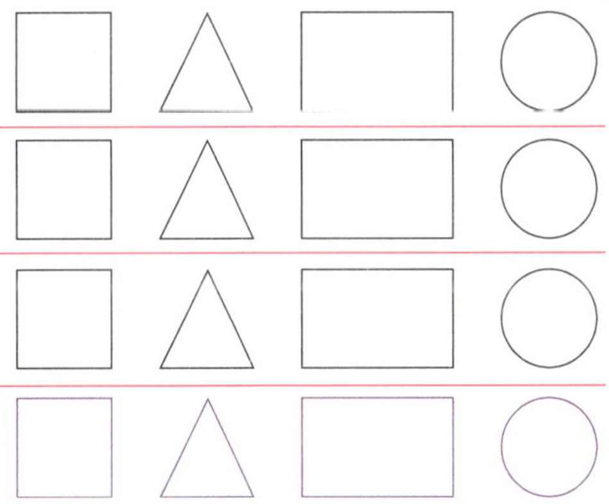

3 Les 4 hamsters de Jasper ont des nœuds papillon de couleurs différentes.

orange vert jaune bleu

Colorie le nœud de chaque hamster en t'aidant des indices.

Bijou a le nœud papillon orange.
Le nœud de Coco n'est pas jaune.
L'un des deux hamsters femelles a un nœud bleu.

Essai 1

Bijou Bidule Mimi Coco

Essai 2

Bijou Bidule Mimi Coco

Réponse :

Bijou Bidule Mimi Coco

Compétence : S'engager dans une démarche de résolution de problèmes.

105

Leçons 81 à 104

BILAN

1

Écrire un nombre sous différentes formes ; comparer les nombres.

• **Entoure** par 10 et **complète** les phrases :

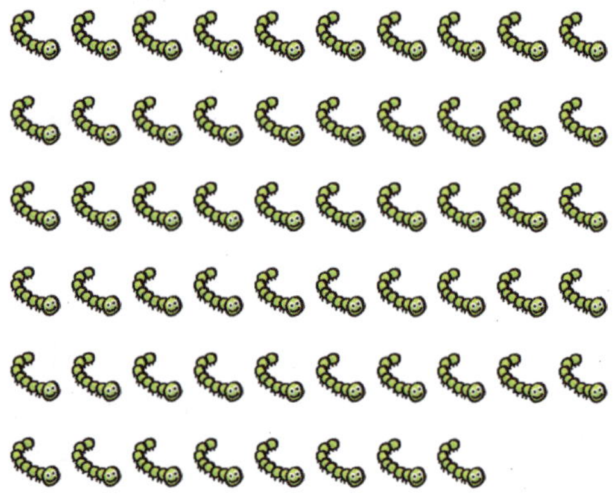

Il y a .... dizaines et .... unités.

Il y a .... dizaines et .... unité.

Il y a .... chenilles et .... papillons.

• **Complète** avec *plus*, *moins* ou *autant* :

Il y a ________________ *de chenilles que de papillons.*

• **Complète** avec les nombres trouvés : .... < ....

2

Connaitre les nombres de 60 à 79.

Complète la suite de nombres.

63	....	65	....	....	....	69	....	....	72	73	....	75	....

3

Mémoriser des faits numériques : les moitiés.

Entoure la moitié et **complète**.

.... + ... = 10 *La moitié de* 10, *c'est* ....

.... + ... = 16 *La moitié de* 16, *c'est* ....

4

Ajouter, retrancher des dizaines entières.

Complète les calculs.

24 – 10 = ... 35 + 10 = ... 40 + 10 = ... 69 + 10 = ...

43 – 20 = ... 33 – 30 = ... 36 + 30 = ... 50 + 20 = ...

5 Lire l'heure.

Dessine les aiguilles sur les horloges et **complète**.

2 heures	9 heures	13 heures

.... :	.... :	.... : ....

6 Se déplacer sur un quadrillage.

Trace un chemin de la case D à la case A. Attention à éviter les moustiques.

Code-le :

D								A

7 Comparer des longueurs.

Entoure l'épi de blé le plus long.

8 Comparer, ranger les nombres jusqu'à 79.

À la kermesse de l'école, les différents stands ont accueilli les élèves.

Pêche (P)	Chamboule-tout (C)	Tombola (T)	Équilibre (E)	Billes (B)
59	68	61	37	73

Range les stands du plus petit nombre de visiteurs au plus grand nombre.

....

On a offert un cadeau au 60e visiteur qui se présente au stand. Quels stands ont distribué un cadeau ? **Colorie** leur nom dans le tableau.

Puzzle méli-mélo

Le puzzle Méli-mélo est composé d'un ____________ bleu, de 2 ____________ orange et d'un ____________ vert.

Les 2 triangles orange forment un ____________ .

Le ____________ bleu et les 2 ____________ orange forment un ____________

Les 4 pièces ensemble forment un ____________ .

Avec l'aide des pièces du puzzle de ton matériel, retrouve les figures du Méli-mélo dans le bateau, la maison et la couronne.

Le bateau

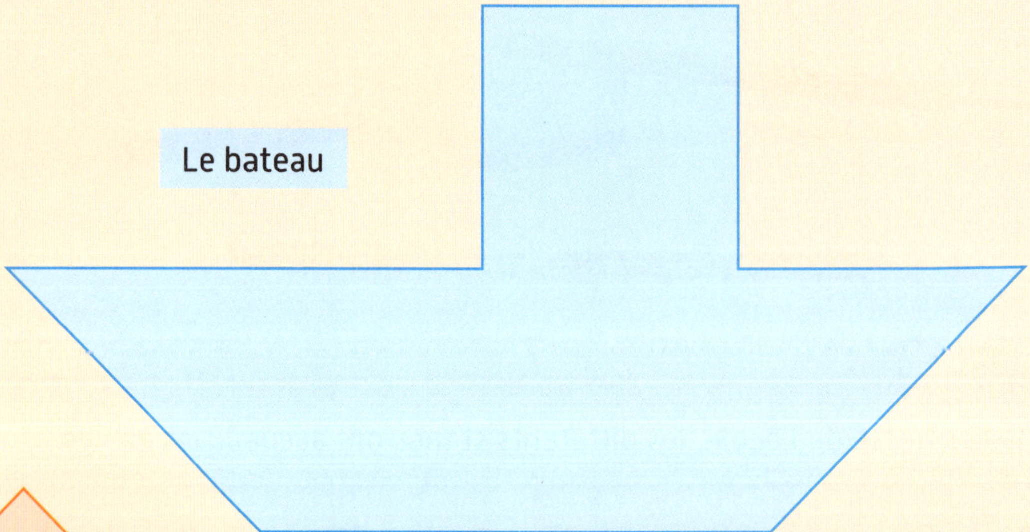

La couronne

La maison

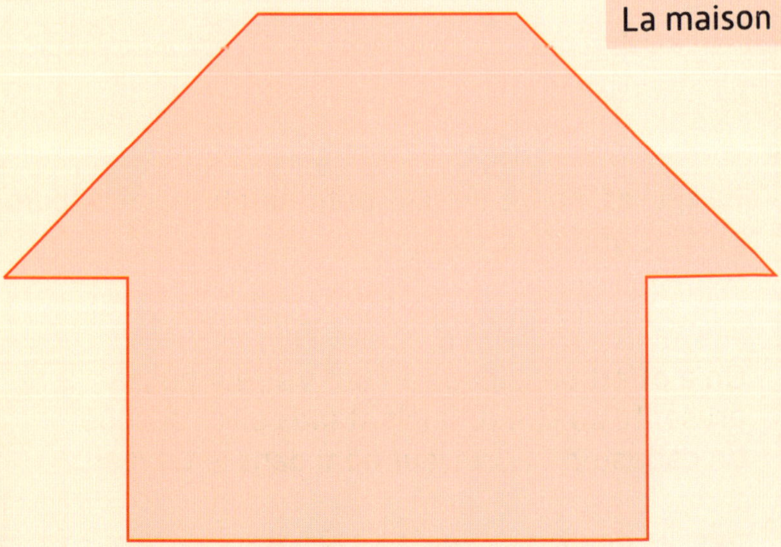

Vue dans l'espace Écris le nombre de cubes pour chaque construction.

constructions	A	B	C	D	E	F
nombres de cubes	....	....	....	....	....	....

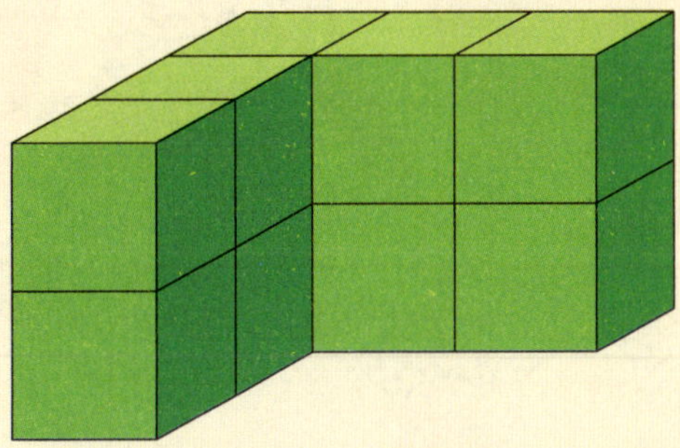

B

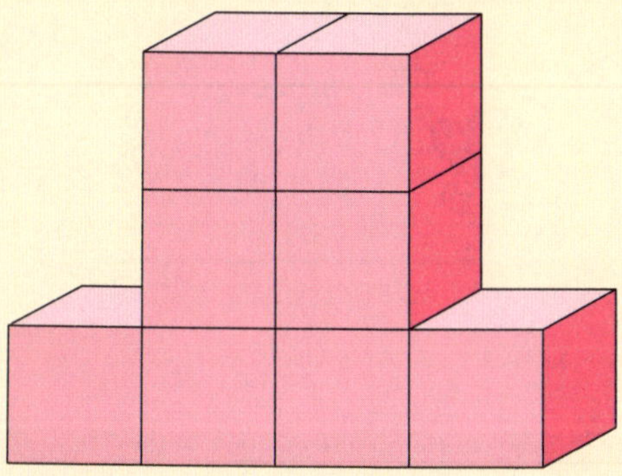

A

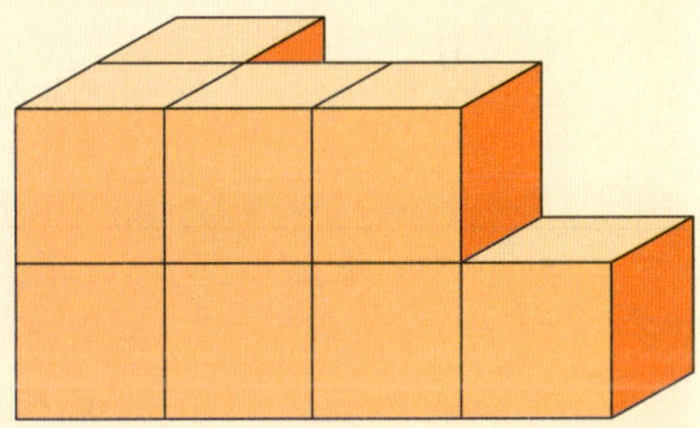

C

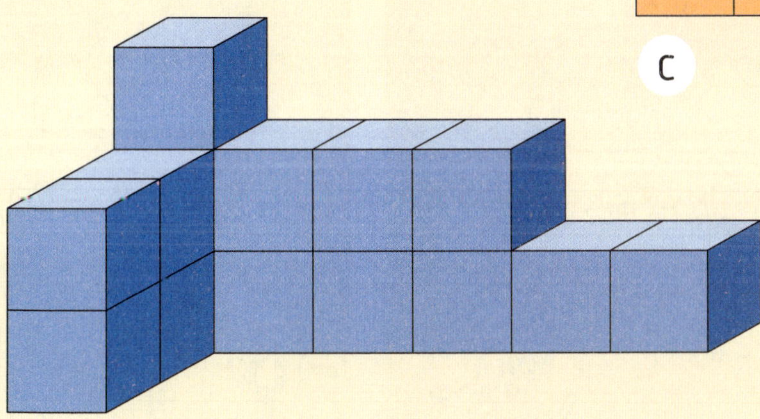

D

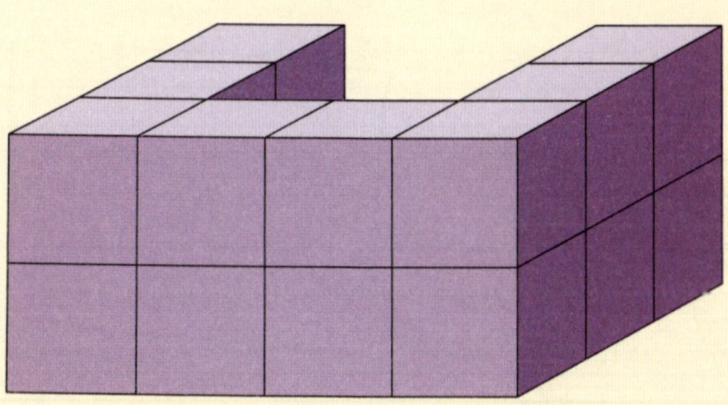

E

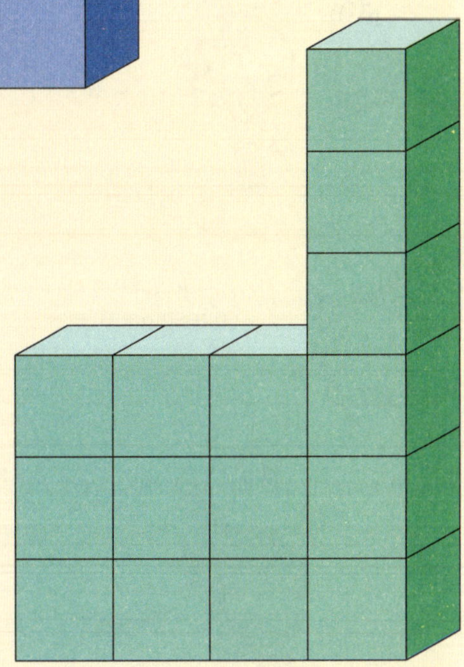

F

EN ROUTE POUR

lienmini.fr/archicp9

Défi 9 *Comparer des masses*

L'AVENTURE !

lienmini.fr/archicp10

Défi 10 *Dénombrer et calculer*

J'en ai **18**.	À nous tous, on en a **36**.
À nous tous, on en a **15**.	À nous tous, on en a **60**.
À nous tous, on en a **100**.	À nous tous, on en a **80**.

Trophée

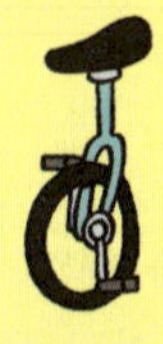

107 Tracer un carré, un rectangle, un triangle

CALCUL MENTAL
Énoncer deux nombres.
→ Demander aux élèves d'écrire un nombre compris entre ces deux nombres.

1 **Trace** un carré **vert**, un rectangle **rouge** et un triangle **bleu**.

2 **Termine** de tracer les figures géométriques.

un carré | un rectangle | un triangle

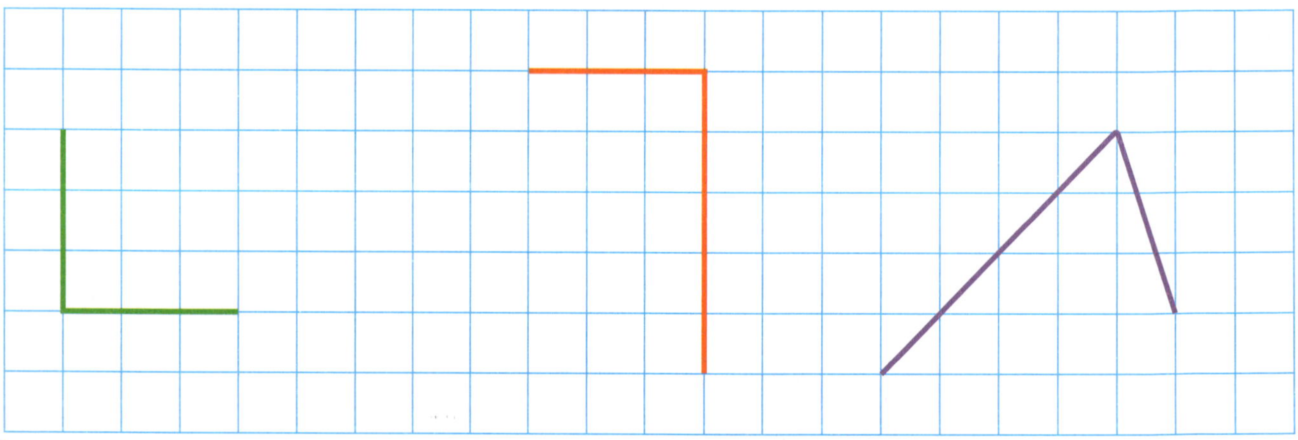

3 **Dessine** l'aiguille des heures en **bleu**.

4:00 | 10:00 | 8:00 | 17:00

Compétence : Reproduire des figures planes sur papier quadrillé ou uni.

08 Retrancher un petit nombre

CALCUL MENTAL
Énoncer des opérations avec l'ajout ou le retrait de dizaines entières.

....

1 **Complète** les calculs en t'aidant de la file numérique.

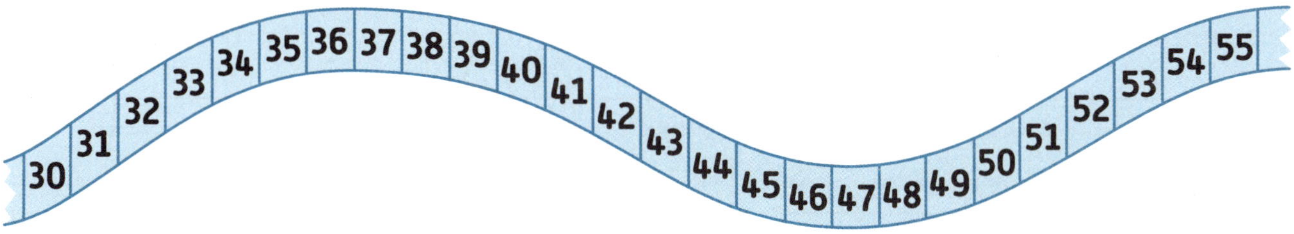

35 – 5 = ... 47 – 7 = ... 49 – 4 = ... 53 – 2 = ...

2 **Complète** les calculs en t'aidant des cartes à points de ton matériel.

20 – 4 = ... 30 – 3 = ... 40 – 7 = ... 50 – 2 = ...

3 **Colorie** en **vert** les cartes gagnées par Lali et en **rose** les cartes gagnées par Nino.

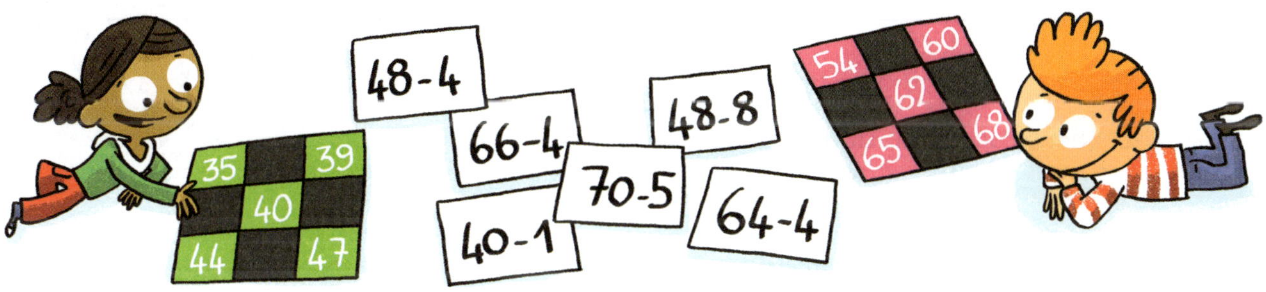

4 **Calcule**.

46 – 6 = ... 78 – 4 = ... 54 – 4 = ... 60 – 4 = ...

65 – 3 = ... 40 – 5 = ... 57 – 5 = ... 42 – 3 = ...

5 Archi a 67 balles de jonglage.
Il perd 7 balles.
Combien de balles lui reste-t-il ?

....

Il lui reste .... balles.

6 Lali a 70 images dans son album.
Elle en donne 4 à Nino.
Combien d'images lui reste-t-il ?

....

Il lui reste .... images.

109 Nombres pairs, nombres impairs

CALCUL MENTAL
Énoncer des soustractions du type :
37 – 2, 56 – 6, etc.

....

1 Archi veut décorer son costume. Aide-le : **dessine** les pois en t'aidant des indices, puis **complète** les phrases.

Il y a un nombre impair de pois.
Il y a entre 20 et 30 pois.

Il peut y avoir .... pois.
.... est un nombre impair.

2 Nino veut donner la moitié de sa collection de cartes à Lali. Est-ce possible ?
Complète et **colorie** la bonne réponse.

18 = ...

Oui *Non*, car 18 est un nombre *pair* *impair*.

3 Le clown veut donner la moitié de ses confettis à Archi. Est-possible ?
Complète et **colorie** la bonne réponse.

15 = ...

Oui *Non*, car 15 est un nombre *pair* *impair*.

4 **Colorie** en **rouge** les nombres pairs.
Colorie en **vert** les nombres impairs.

13	16	10	19	7
26	22	9	40	31
54	20	68	47	15

5 **Colorie** comme dans l'exemple.

66 soixante-deux 76
soixante-six 69 62
soixante-seize soixante-douze
72 soixante-neuf

Compétence : Comprendre et utiliser des nombres entiers.

10 Reproduire une figure sur quadrillage (2)

CALCUL MENTAL
Faire écrire les nombres impairs, de la famille de 50, du plus petit au plus grand.

....

1 Voici la figure que Nino a tracée. **Colorie** le carré en **vert**, le rectangle en **rouge** et le triangle en **bleu**. **Reproduis** la figure.

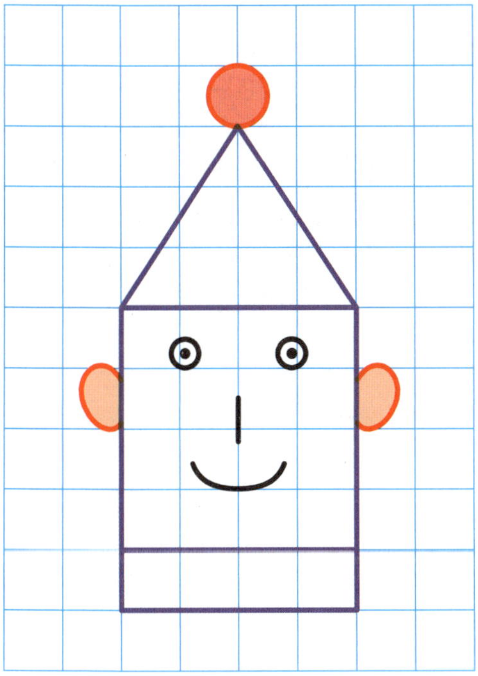
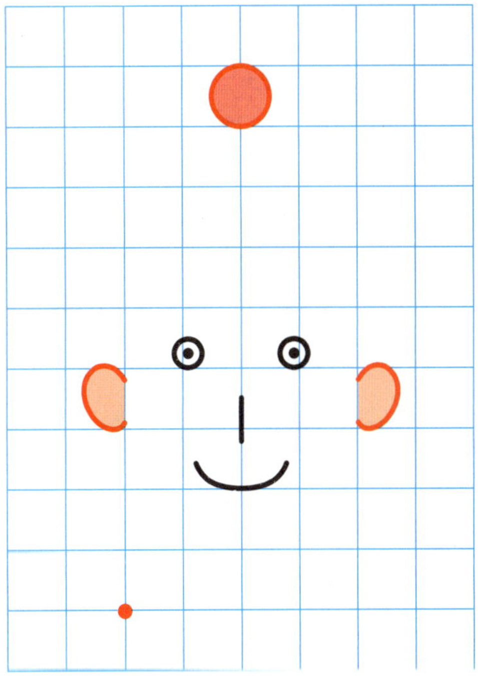

2 Voici la figure que Lali a tracée. **Colorie** le carré en **vert**, le rectangle en **rouge** et le triangle en **bleu**. **Reproduis** la figure.

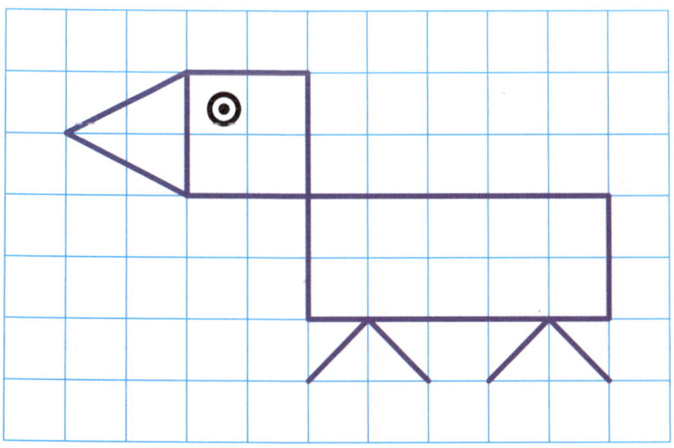
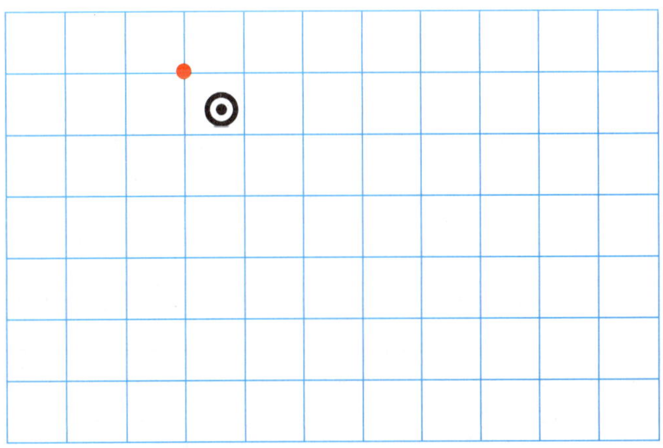

3 Quel est ce nombre ? **Complète.**

4 dizaines : .... *J'ajoute 2 dizaines :* .... *J'ajoute 4 unités :* ....

Écris ce nombre en lettres : ______________________

111 Calculer mentalement des sommes

CALCUL MENTAL
Faire écrire les nombres pairs, de la famille de 70, du plus petit au plus grand.

....

1 **Calcule** en faisant des sauts sur la file. **Complète** les calculs.

36 + 11 = ...

36 —(+10)→ .... —(+1)→ ....

27 + 22 = ...

27 —(+20)→ .... —(......)→ ....

2 **Calcule** en t'aidant des cartes à points.

31 + 28 = ...

1 dizaine, 1 dizaine, 1 dizaine, (1 point) — 1 dizaine, 1 dizaine, (8 points)

.... + ... = ...

42 + 31 = ...

1 dizaine, 1 dizaine, 1 dizaine, 1 dizaine, (2 points) — 1 dizaine, 1 dizaine, 1 dizaine, (1 point)

.... + ... = ...

3 **Calcule** en décomposant.

47 + 22 = ...

40 + 7 + 20 + 2

.... + ... = ...

42 + 16 = ...

40 + 2 + 10 + 6

.... + ... = ...

33 + 24 = ...

...... + ... + ... + ...

.... + ... = ...

4 Le magicien fait sortir de son chapeau 32 colombes et 26 lapins. **Combien d'animaux sont sortis de son chapeau ?**

....

.... *animaux sont sortis de son chapeau.*

Compétence : Calculer mentalement pour obtenir le résultat exact.

112 Poser l'addition en colonnes (1)

CALCUL MENTAL
Énoncer des additions du type :
45 + 12, 28 + 11, etc.

....	....	....	....	....

1 Lali a préparé 36 crêpes pour la fête de l'école. Nino en a préparé 23.
Combien de crêpes ont-ils préparées en tout ? Complète.

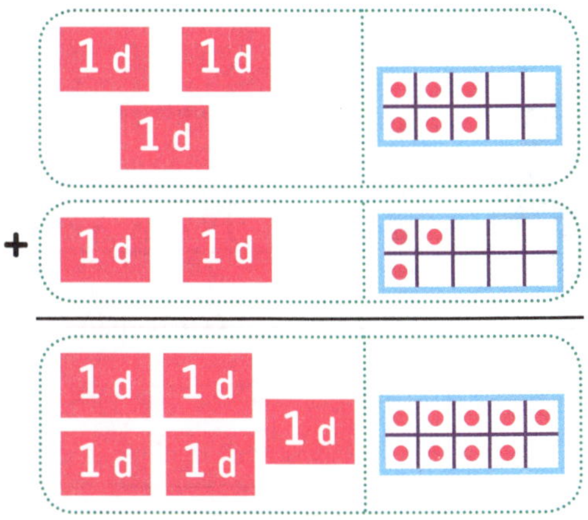

	d	u
	3	6
+	2	3
	.	.

36 + 23 = . .

Il y a . . crêpes en tout.

2 **Complète** et **calcule**.

27 + 42 = . .

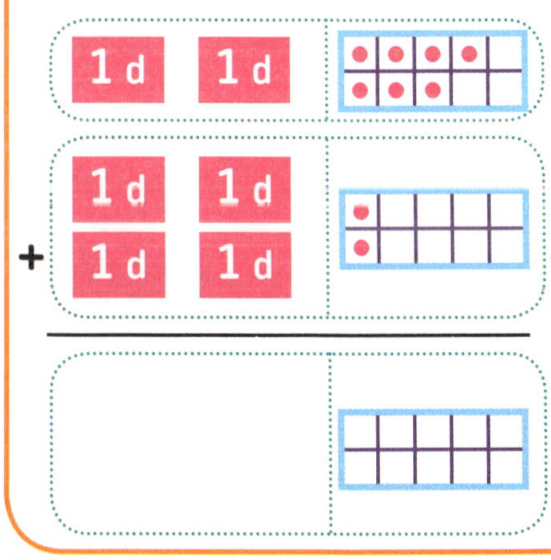

	d	u
	2	7
+	4	2
	.	.

32 + 21 = . .

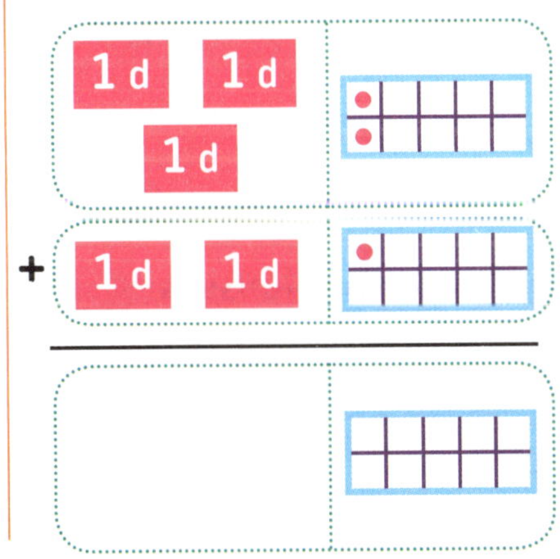

	d	u
	3	2
+	2	1
	.	.

3 Dans la ferme, il y a 27 moutons et 41 oies. **Combien d'animaux y a-t-il en tout ?**

	d	u
	.	.
+	.	.
	.	.

Il y a . . animaux en tout.

Compétence : Mettre en œuvre un algorithme de calcul posé pour l'addition.

113 Poser l'addition en colonnes (2)

CALCUL MENTAL
Énoncer des calculs issus de la table d'addition.

....

1 Lali et Nino ont joué à la pêche aux canards. Nino a pêché 21 canards et Lali 52.
Ils veulent savoir combien ils en ont pêché en tout. **Observe** leur méthode et **complète**.

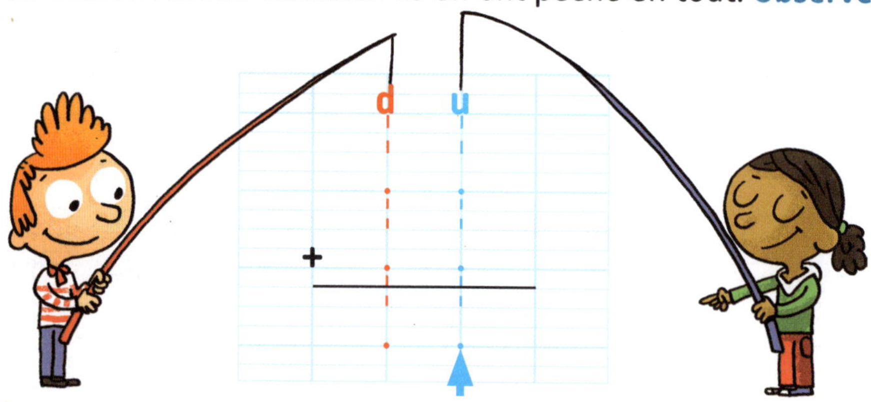

21 + 52 = . .

Lali et Nino ont pêché . . canards.

2 **Pose** les additions et **calcule**-les.

53 + 25 = . .

41 + 15 = . .

33 + 41 = . .

	d	u
+		

	d	u
+		

	d	u
+		

3 **Barre** les additions qui sont fausses.

	d	u
	3	6
+	2	2
	5	8

	d	u
	2	2
+	5	3
	7	8

	d	u
	3	4
+	1	2
+		2
	4	8

	d	u
	2	2
+	2	1
+	3	
	7	3

4 **Calcule**.

58 – 8 = ... 33 – 3 = ... 75 – 3 = ... 47 – 5 = ...

30 – 5 = ... 50 – 3 = ... 60 – 7 = ... 80 – 1 = ...

Compétence : Mettre en œuvre un algorithme de calcul posé pour l'addition.

114 Reporter et tracer des longueurs

CALCUL MENTAL
Énoncer des calculs issus de la table d'addition.

....	....	....	....	....

1 À l'aide de la bande unité rouge, **reporte** la longueur et **indique** par une croix la distance parcourue par les trois coureurs.

3 *bandes unité*

4 *bandes unité*

2 *bandes unité*

2 **Reporte** une longueur de 4 unités, puis **trace**-la à la règle.

Trace maintenant une longueur qui mesure la moitié de 4 unités.

3 Archi doit reporter une longueur de 5 bandes unité, mais une partie de la droite a été effacée. **Aide**-le : **termine** son tracé.

4 **Trace** un trait **vert** de 4 carreaux, un trait **orange** de 6 carreaux, un trait **bleu** de 5 carreaux à partir des croix.

Compétence : Reporter une longueur sur une droite déjà tracée.

115 Résoudre des problèmes de longueurs

CALCUL MENTAL
Énoncer des additions du type :
68 + 11, 80 + 15, etc.

....

1 Nino dit qu'il a le double de réglisse que Lali. A-t-il raison ? Utilise la bande unité rouge de ton matériel pour chercher. **Entoure** la bonne réponse.

Nino *a raison* *a tort* .

2 **Observe** ces deux traits.

Trace un trait aussi long que le trait bleu et le trait vert mis bout à bout.

Trace un trait qui mesure la moitié du trait bleu.

3 **Utilise** ta bande unité pour poursuivre la frise.

Compétence : Résoudre des problèmes impliquant des prix.

116 Les nombres de 80 à 89 (1)

CALCUL MENTAL
Énoncer des soustractions du type :
48 – 6, 55 – 2, etc.

....	....	....	....	....

1 **Combien y a-t-il de balles ?** N'oublie pas de compter celles qui sont par terre.

20 + ... = ...

Il y a .... balles.

10 + ... = ...

Il y a .... balles.

2 **Complète** le tableau.

quatre-vingt-neuf	....	20 + ...
quatre-vingt-quatre	84	20 + ...
quatre-vingt-cinq	....	20 + 20 + 20 + 20 + 5
quatre-vingt-un	....	10 + ...

3 **Complète** la file, puis **écris** les nombres en lettres dans les encadrés.

79	....	....	82	83	....	85	....	87	....	89

quatre-vingt-trois

4 L'escargot parcourt une distance de 5 bandes unité. **Trace** son chemin.

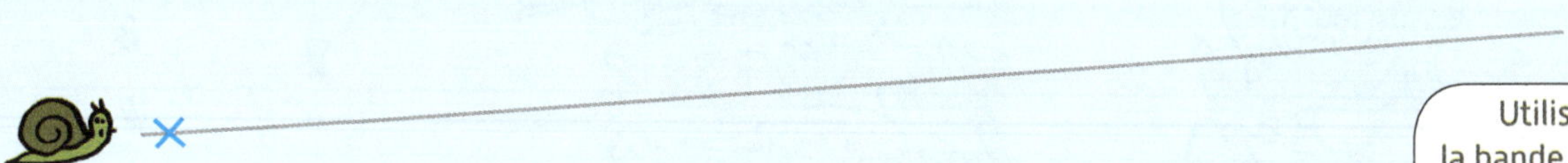

Compétence : Utiliser diverses représentations des nombres.

117 Les nombres de 80 à 89 (2)

CALCUL MENTAL
Énoncer des décompositions de nombres entre 80 et 89 : les élèves écrivent le nombre correspondant.

....

1 Qui a le plus de balles ? **Complète**. N'oublie pas de compter les balles qui sont par terre.

.... = ... | .... = ...

C'est ______________ *qui a le plus de balles.*

2 **Complète**. Tu peux dessiner pour t'aider.

84 = 50 + ... + 4

72 = 40 + ... + 2

88 = 20 + ... + ...

80 = 70 + ...

63 = 30 + ... + ...

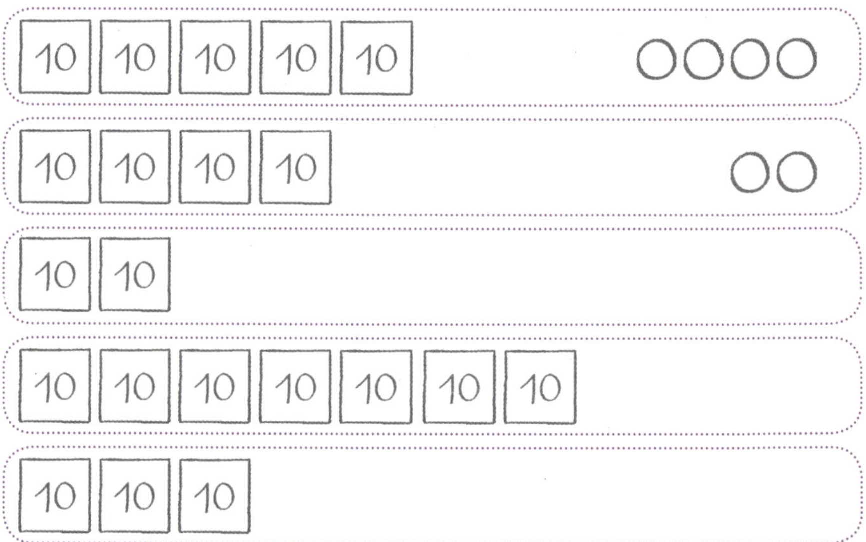

3 Quelle mouche mangera chaque caméléon ? **Entoure** les mouches mangées.

Compétence : Utiliser diverses représentations des nombres.

JE M'ENTRAINE (1)

1 Essaie d'obtenir deux collections identiques en entourant deux fois le même nombre de fleurs. **Complète** la phrase avec *pair* ou *impair*.

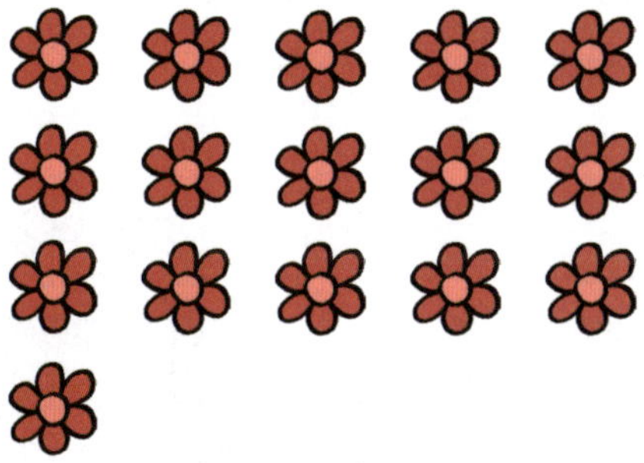

16 est un nombre ________ *car*

.... + ... = 16.

11 est un nombre ________ *car*

.... + ... = 11.

2 **Calcule** en décomposant.

25 + 34 = ...

20 + 5 + 30 + 4

.... + ... = ...

46 + 33 = ...

40 + 6 + 30 + 3

.... + ... = ...

28 + 51 = ...

.... + ... + ... + ...

.... + ... = ...

3 **Pose** les additions ou **calcule**-les.

42 + 21 = . .

12 + 36 = . .

20 + 52 = . .

67 + 22 = . .

	d	u
+		

4 **Complète** la suite de nombres.

.... – 75 – .... – .... – .... – 79 – .... – 81 – .... – .... – .... – 85

119 Construire des collections à partir de décompositions

CALCUL MENTAL
Énoncer des opérations avec l'ajout ou le retrait de dizaines entières.

………… ………… ………… ………… …………

1 Archi veut offrir des cacahuètes à l'éléphante du cirque. Il lui en donne 6 dizaines et 5 unités. **Colorie**-les.

2 **Entoure** 2 unités et 4 dizaines.

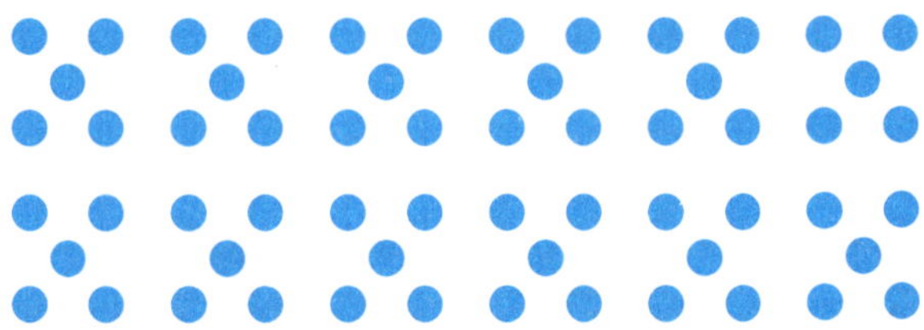

3 Il y a 14 oiseaux sur les fils bleus et 30 oiseaux sur les fils rouges.
Finis de dessiner les oiseaux et **complète** la phrase.

En tout, il y a …….. oiseaux.

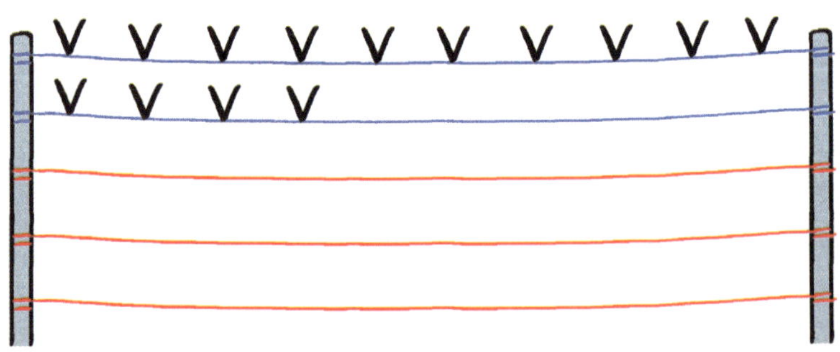

4 **Complète** le tableau comme dans l'exemple.

47	4 d 7 u	40 + 7	10 10 10 10 ○ ○ ○ ○ ○ ○ ○
……..	…….. d …….. u	60 + 12	
……..	3 d 13 u	…….. + ……..	

Compétence : Interpréter les noms des nombres (unités de numération et écritures arithmétiques).

20 Comparer des objets selon leur masse

CALCUL MENTAL
Énoncer un nombre (ex. : 63).
Demander aux élèves de changer les dizaines en unités (ex. : 36).

....	....	....	....	....

1 **Observe** les balances et **colorie** la bonne réponse.

Le hamster / Le chien est plus lourd que le hamster / le chien.

Le chien / Archi est plus léger que le chien / Archi.

2 **Observe** les balances et **complète** les phrases avec *léger* ou *lourd*.

Le scotch est plus ____________ que la bouteille.

Le globe est plus ____________ que la bouteille.

Range ces trois objets du plus lourd au moins lourd.

____________ ____________ ____________

3 **Observe** les deux premières balances. **Dessine** les cubes pour équilibrer la troisième balance.

4 **Entoure** les sachets qu'il faut pour équilibrer la balance, puis **complète** le calcul.

8 + 3 = ... + ...

121 Résoudre des problèmes en utilisant les euros (2)

CALCUL MENTAL
Énoncer des soustractions du type :
78 – 5, 59 – 3, etc.

....

1 Nino a 23 € dans sa tirelire. Sa grande sœur en a le double.
Combien d'euros la sœur de Nino a-t-elle ?

....

Elle a .... euros dans sa tirelire.

2 Lali, Nino et Archi veulent s'acheter chacun une paire de baskets à 21 €.
Combien d'euros vont-ils payer en tout ?

....

En tout, ils vont payer .... euros.

3 Lali, Nino et Archi veulent se partager 27 € et avoir autant d'euros chacun.
Combien d'euros chacun aura-t-il ?

....

Chacun aura .... euros.

Compétence : Résoudre des problèmes impliquant des prix.

22 Les nombres de 90 à 99

CALCUL MENTAL
Montrer des pièces et des billets.
→ Les élèves écrivent la somme correspondante.

....	....	....	....	....

1 Dans la classe, il y a **quatre-vingt-dix-sept** feutres rangés par 10.

- **Écris** ce nombre en chiffres : ....
- **Complète** : *97, c'est .... dizaines et .... unités.*
- **Complète** le dessin pour avoir 97 feutres.

2 **Complète** la file, puis **écris** les nombres en lettres dans les encadrés.

quatre-vingt-douze

89	....	....	92	93	....	95	....	97	98	....

3 **Complète**.

90 + 4 = ... 90 + 6 = ... 80 + 6 = ... 80 + 9 = ...

4 **Termine** de tracer un carré **rouge** et un rectangle **vert**.

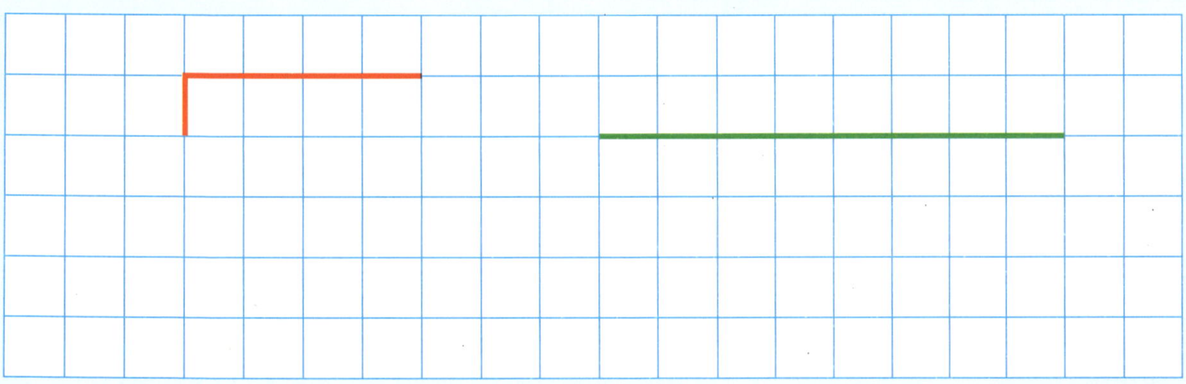

Compétence : Utiliser diverses représentations des nombres.

123 Les nombres de 80 à 99

CALCUL MENTAL
Énoncer des décompositions de nombres entre 90 et 99 : les élèves écrivent le nombre correspondant.

....

1 **Colorie** de la même couleur les étiquettes du même nombre.

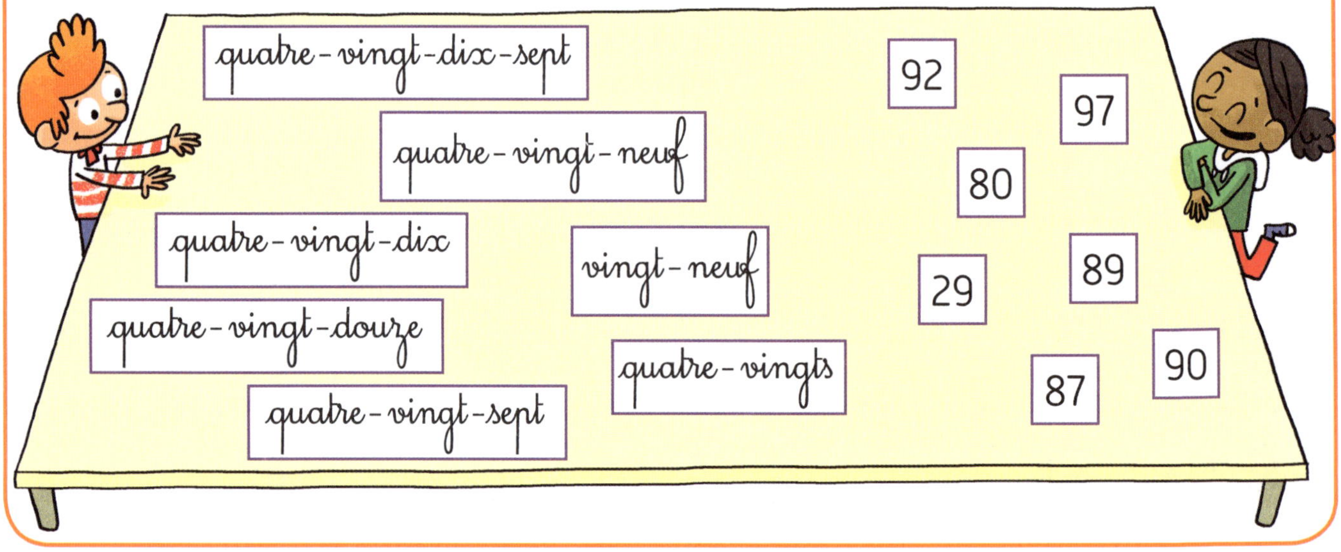

2 **Complète.**

90 + 8 = ...
80 + 8 = ...
80 + 19 = ...

9 + 6 = ...
40 + 9 = ...
40 + 20 + 10 + 10 + 3 = ...

9 dizaines et 5 unités : ....
8 dizaines : ....

3 La mère de Nino veut s'acheter un hamac.
Il coute 95 euros. Elle a 40 €.

Combien d'euros lui manque-t-il ?

Il lui manque .... euros.

4 **Calcule** en faisant des sauts sur la file.

52 + 13 = ...

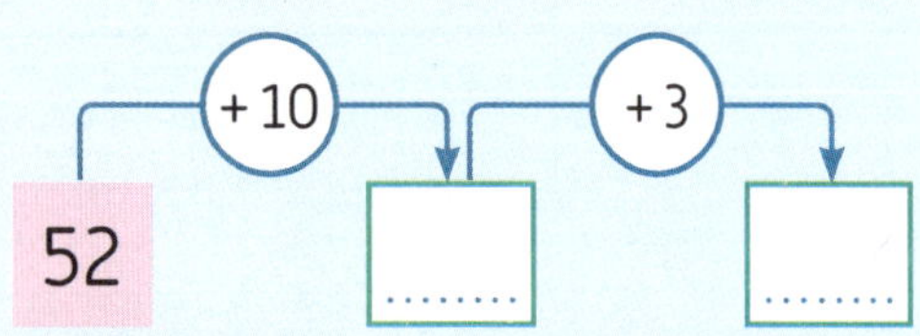

64 + 22 = ...

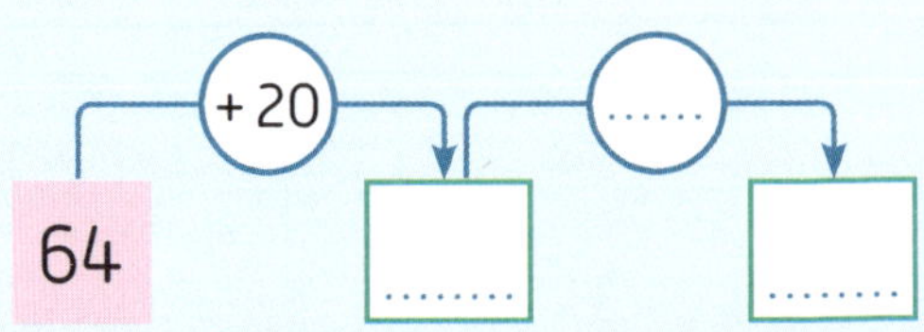

Compétence : Utiliser diverses représentations des nombres.

Le tableau des nombres jusqu'à 99

CALCUL MENTAL
Énoncer des décompositions de nombres entre 60 et 99 : les élèves écrivent le nombre correspondant.

....	....	....	....	....

1 Les otaries du cirque sont passées par là. Tout est mouillé et des nombres ont été effacés ! **Complète** les cases manquantes.

60	61	....	63	....	65	66	67	....	....
....	71	72	73	74	....	76	77	78	79
80	....	82	....	84	85	....	87	88	89
90	91	92	93	....	95	96	....	98	....

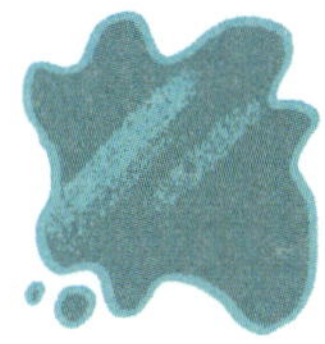

2 Cherche les erreurs et **barre**-les.

64	65	62	67	68	89
74	75	76	71	88	79
84	58	86	87	78	69
74	95	96	79	98	99

3 **Complète** les cases blanches.

	53		....	....	....
	....	64	....		67
72	....				
	....	....	....	86	
....	....		95		....

4 **Écris** les nombres manquants.

+1 : 62 → ....
−10 : .... → 83 (........ au-dessus de 83)

−1 : .... ← 56
+10 : 56 → .... ; +10 : .... → ....

+1 : .... 84 → ....
+10 : .... → ....

5 Qui suis-je ? **Complète**.

- *Mon chef de famille est 60 et j'ai 5 unités :* ....
- *J'ai 4 unités et mon chef de famille est 80 :* ....
- *Je suis le chef de famille qui a 7 dizaines :* ....
- *J'ai 8 unités et je suis plus petit que 70 :* ....

Compétence : Interpréter les noms des nombres (unités de numération et écritures arithmétiques).

125 Poser l'addition en colonnes avec retenue (1)

CALCUL MENTAL
En appui sur le tableau des nombres, énoncer des devinettes du type : *Je suis dans la ligne du 30 et la colonne du 7*, etc.

....

1 Lali a 35 images et Nino en a 26.
Combien d'images ont-ils en tout ?

Je schématise ou je décompose :

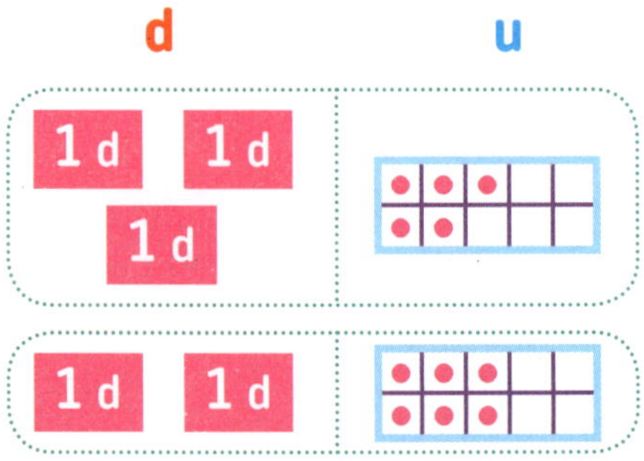

d u

+

35 + 26 = . .   *Lali et Nino ont .... images en tout.*

2 Dans la mare, il y a 46 grenouilles et 28 crapauds.
Combien d'animaux y a-t-il en tout ?

Je schématise ou je décompose :

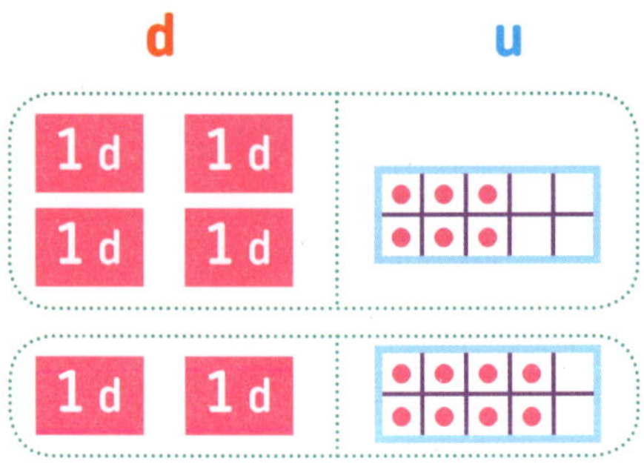

d u

+

46 + 28 = . .   *Il y a .... animaux en tout.*

3 **Calcule :** 26 + 47

Je schématise ou je décompose :

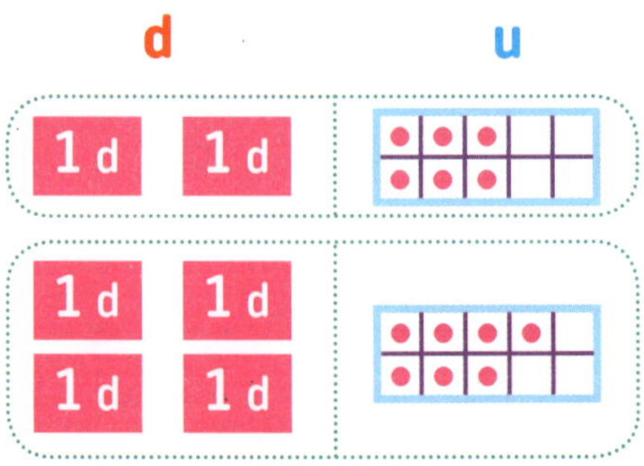

d u

+

26 + 47 = . .

Compétence : Mettre en œuvre un algorithme de calcul posé pour l'addition.

126 Poser l'addition en colonnes avec retenue (2)

CALCUL MENTAL
Énoncer des devinettes du type :
J'étais sur la case 79 et je suis sur la case 80. De combien de cases ai-je avancé ?

....

1 **Effectue** les additions. Tu peux dessiner les dizaines et les unités.

	d	u
	○	
	2	2
+	1	9

	d	u
	○	
	3	7
+	2	5

2 **Pose** et **effectue** les additions.

48 + 34

39 + 26

51 + 17

3 **Barre** les erreurs et **corrige** l'addition si nécessaire.

	d	u
	○	
	4	5
+	3	8
	7	3

	d	u
	○	
	4	8
+	4	7
	9	5

4 **Combien de fruits Lali a-t-elle cueillis ?**

Lali a cueilli .... fruits.

Compétence : Mettre en œuvre un algorithme de calcul posé pour l'addition.

127 Comparer et ranger les nombres jusqu'à 99

CALCUL MENTAL
Énoncer des calculs issus de la table d'addition.

....

1 **Écris** 6 nombres différents à l'aide des 3 chiffres tenus par chaque personnage.

....

Écris ces nombres du **plus petit** au **plus grand**.

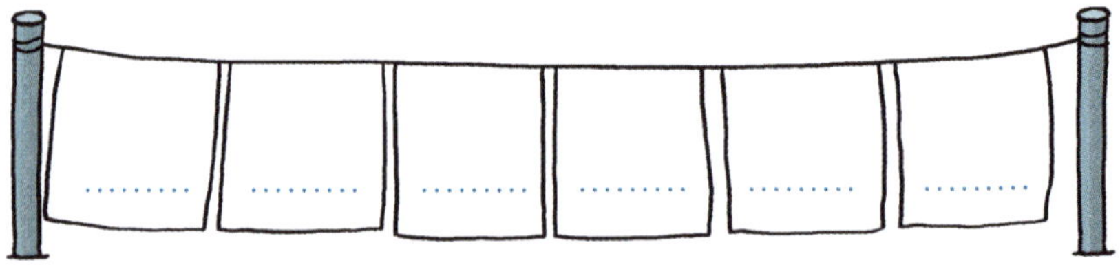

....

Écris ces nombres du **plus grand** au **plus petit**.

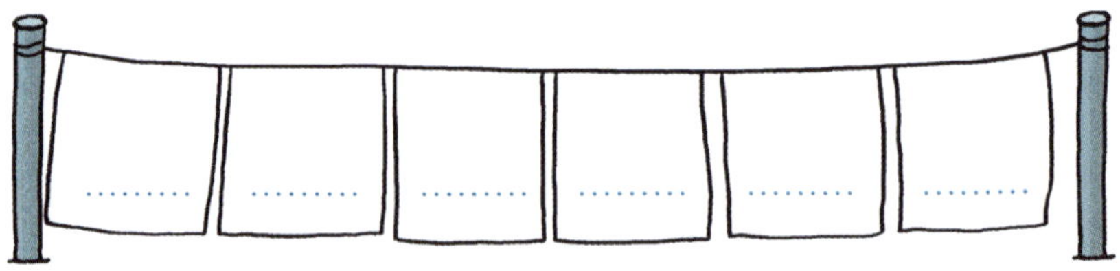

2 **Écris** < ou >.

57	◯	81	45	◯	95
82	◯	46	89	◯	85
93	◯	39	97	◯	96
50	◯	90	90	◯	89

3 **Colorie** le plus grand nombre.

80 + 2	73
49	90 + 4
85	9 dizaines

4 **Écris** < ou >.

86 ◯ 80 + 8

95 ◯ 9 dizaines

74 ◯ 8 dizaines

60 + 7 ◯ 80 + 6

10 + 10 + 10 + 10 + 10 + 10 + 9 ◯ 9 dizaines

5 **Colorie** de la même couleur les étiquettes du même nombre.

85 | quatre-vingt-quinze | 95 | quatre-vingt-douze | quatre-vingt-deux | 92 | quatre-vingt-cinq | 82 | 88 | 98 | quatre-vingt-huit | quatre-vingt-dix-huit

Compétence : Comparer, ranger les nombres entiers en utilisant les symboles <, >.

1 Complète le tableau comme dans l'exemple.

81	....	92	....
10 10 10 10 10 10 10 10 ○			10 10 10 10 10 10 10 10 ○○○
80 + 1	.... + ...	80 + 12	.... + ...
8 d et 1 u	9 d et 5 u	.... d et .... u	.... d et .... u

2 Pose et effectue les additions.

44 + 37 = . .

36 + 29 = . .

50 + 38 = . .

64 + 18 = . .

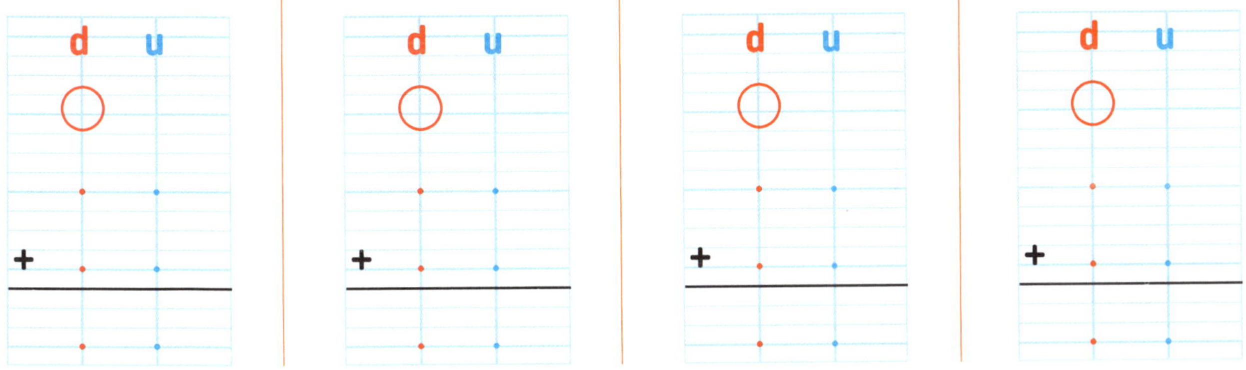

3 Écris les nombres du plus petit au plus grand.

75 70 65 86 92 98

4 Entoure les sachets qu'il faut pour équilibrer la balance, puis complète le calcul.

6 + 2 = ... + ...

129 Reproduire des figures

CALCUL MENTAL
Dicter un nombre (ex. : 61).
Demander aux élèves de changer les dizaines en unités (ex. : 16).

....

1 **Termine** de tracer la figure comme sur le modèle.

Modèle

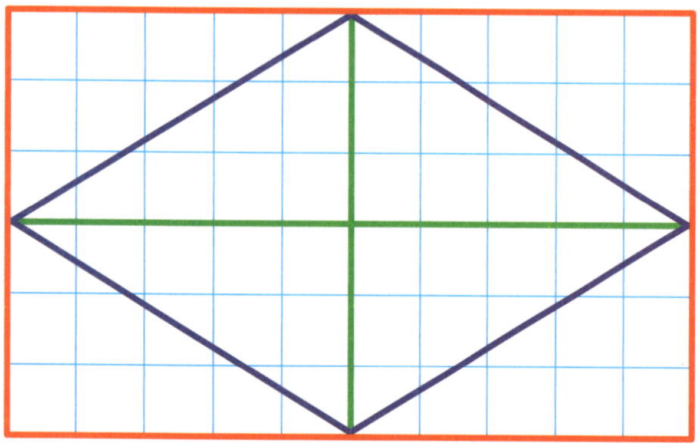

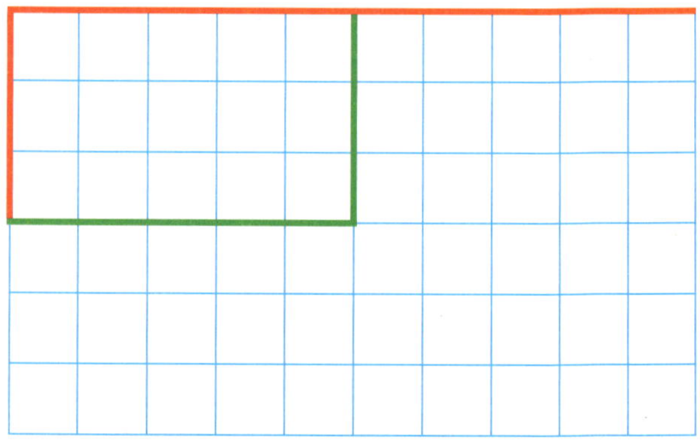

2 **Termine** de tracer la même figure que celle du modèle de l'exercice 1.

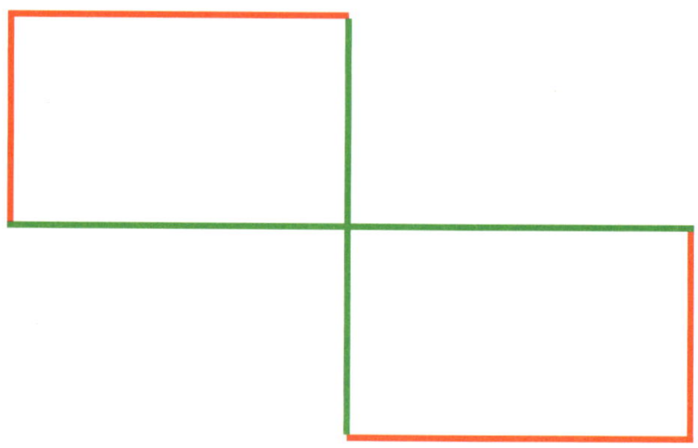

3 Chaque jour, des élèves utilisent deux bus (bus jaune et bus vert) pour arriver et repartir de l'école. **Dans une journée, combien d'élèves prennent le bus jaune ? Combien d'élèves prennent le bus vert ?**

Complète le tableau.

	Bus vert	Bus jaune
Matin	43 élèves	33 élèves
Soir	41 élèves	29 élèves
Total	....	....

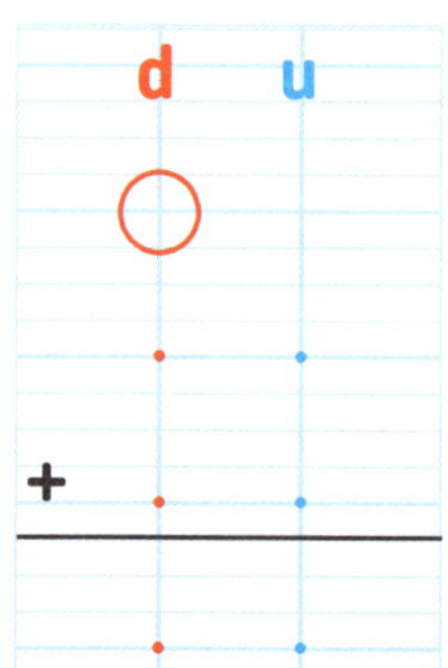

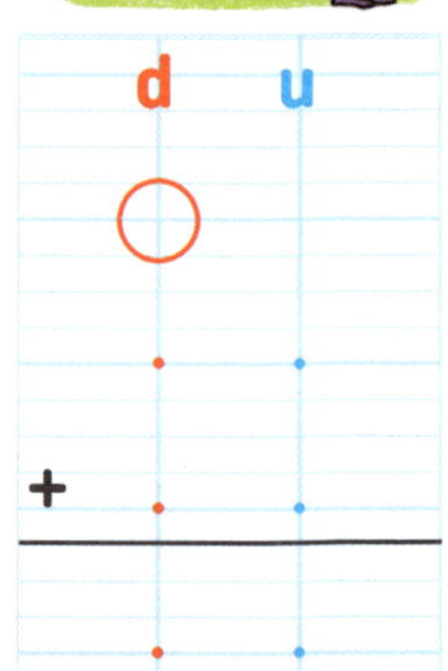

Compétence : Reproduire des figures sur papier quadrillé ou uni.

Méli-mélo de problèmes

CALCUL MENTAL
Énoncer des calculs de nombres à 1 ou 2 chiffres : 6 + 8, 19 – 13, etc.

....

1 Pour la fête de l'école, les élèves ont le choix entre une gaufre ou une crêpe.
Ils peuvent ajouter 4 garnitures :

de la confiture	du sucre	du miel	du chocolat

Combien y a-t-il de gouters possibles?

Il y a .... gouters possibles.

2 Lali colorie des drapeaux avec trois couleurs différentes.

jaune vert bleu

Combien de drapeaux différents peut-elle colorier ?

Lali peut colorier .... drapeaux différents.

3 Pour déguiser son ours en peluche, Nino a :

- un bonnet vert et un bonnet rose :
- un pull vert et un pull rose :
- un pantalon vert et un pantalon rose :

De combien de façons différentes peut-il l'habiller ?

Nino peut l'habiller de .... façons différentes.

Compétence : S'engager dans une démarche de résolution de problèmes.

Leçons 107 à 130

BILAN

1 Retrancher un petit nombre.

Colorie en **vert** les cartes gagnées par Lali et en **rose** les cartes gagnées par Nino.

2 Calculer mentalement des sommes.

Calcule en décomposant.

33 + 45 = ...

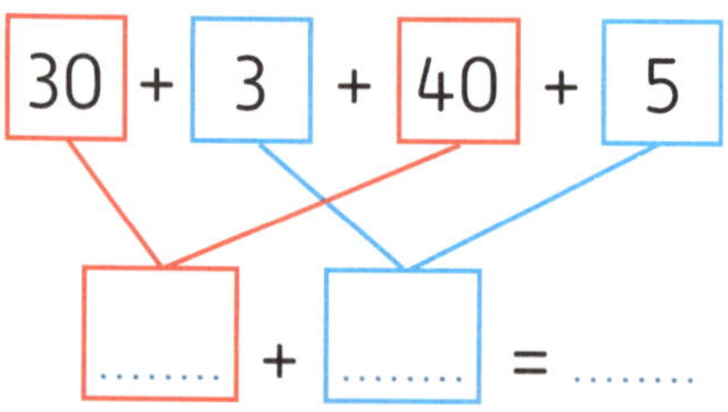

21 + 22 = ...

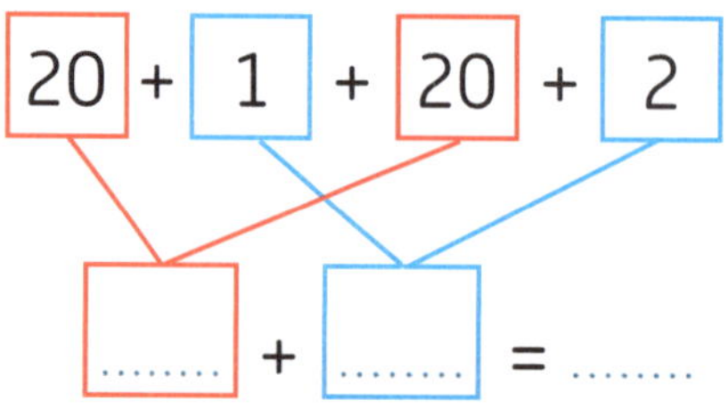

45 + 54 = ...

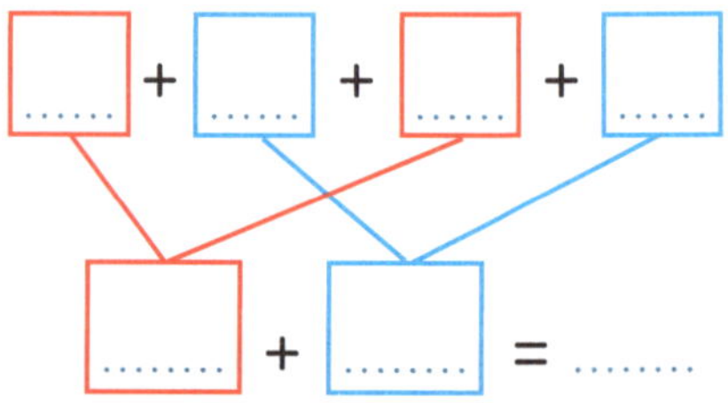

3 Calculer des additions en colonnes.

Continue de poser les additions et **calcule**-les.

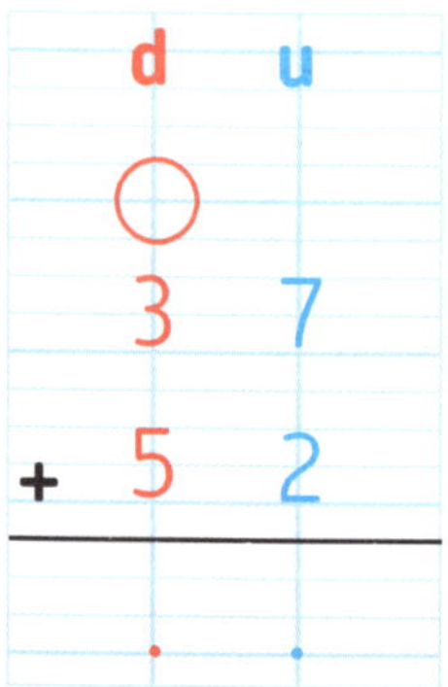

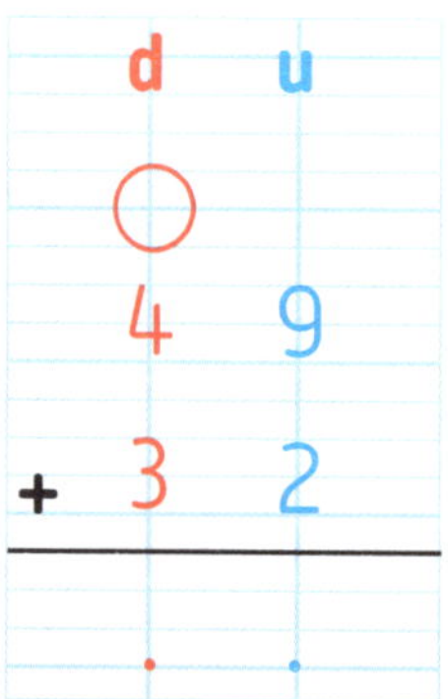

41 + 38 = . .

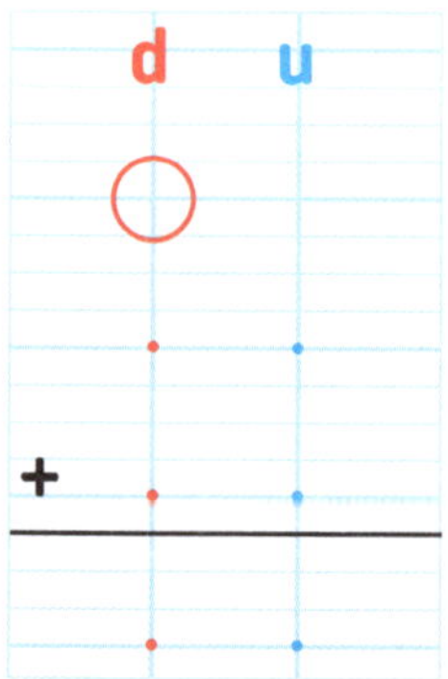

67 + 25 = . .

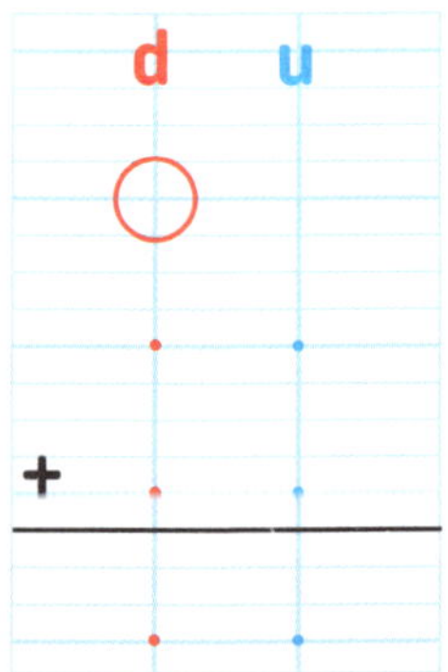

4 Utiliser diverses représentations du nombre.

Complète. Tu peux dessiner pour t'aider.

76 = 30 + ... + 6

82 = 20 + ... + ...

5 Connaître les nombres de 80 à 99.

Complète la suite des nombres.

…… – 82 – …… – …… – 85 – …… – …… – …… – …… – 90 – ……

6 Reproduire une figure sur quadrillage.

Voici la figure qu'Archi a tracée. **Colorie** le carré en **rouge**, le rectangle en **vert** et le triangle en **orange**. **Reproduis** la figure.

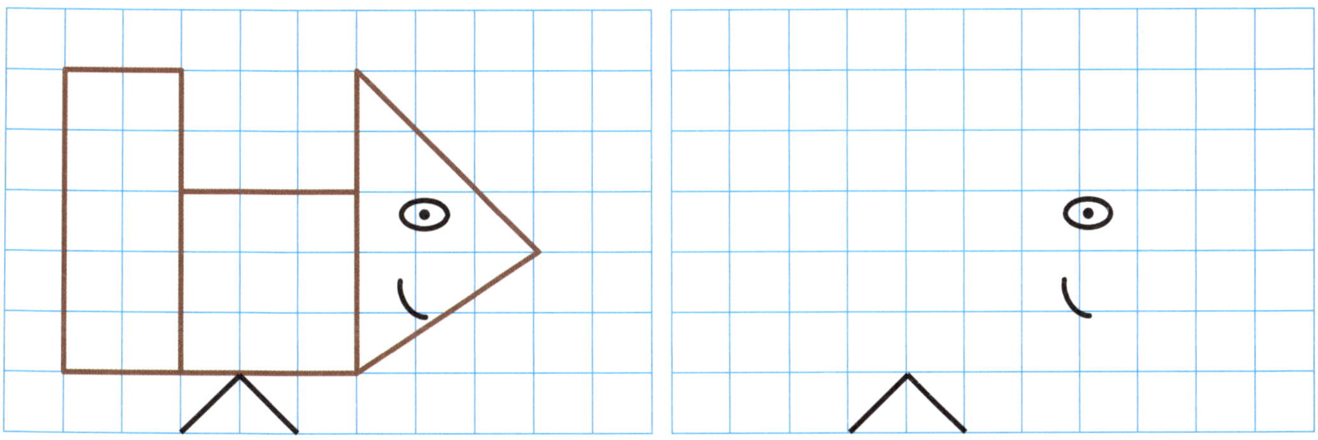

7 Tracer à l'aide d'une bande unité.

Tous les traits doivent mesurer 4 bandes unités. **Termine** les tracés avec ta règle et ton crayon.

8 Résoudre un problème utilisant les euros.

Barre ce qui est en trop ou **dessine** ce qui manque pour obtenir 56 € à chaque fois.

132 JEUX MATHÉMATIQUES

Pairs Relie les nombres pairs du plus petit au plus grand.

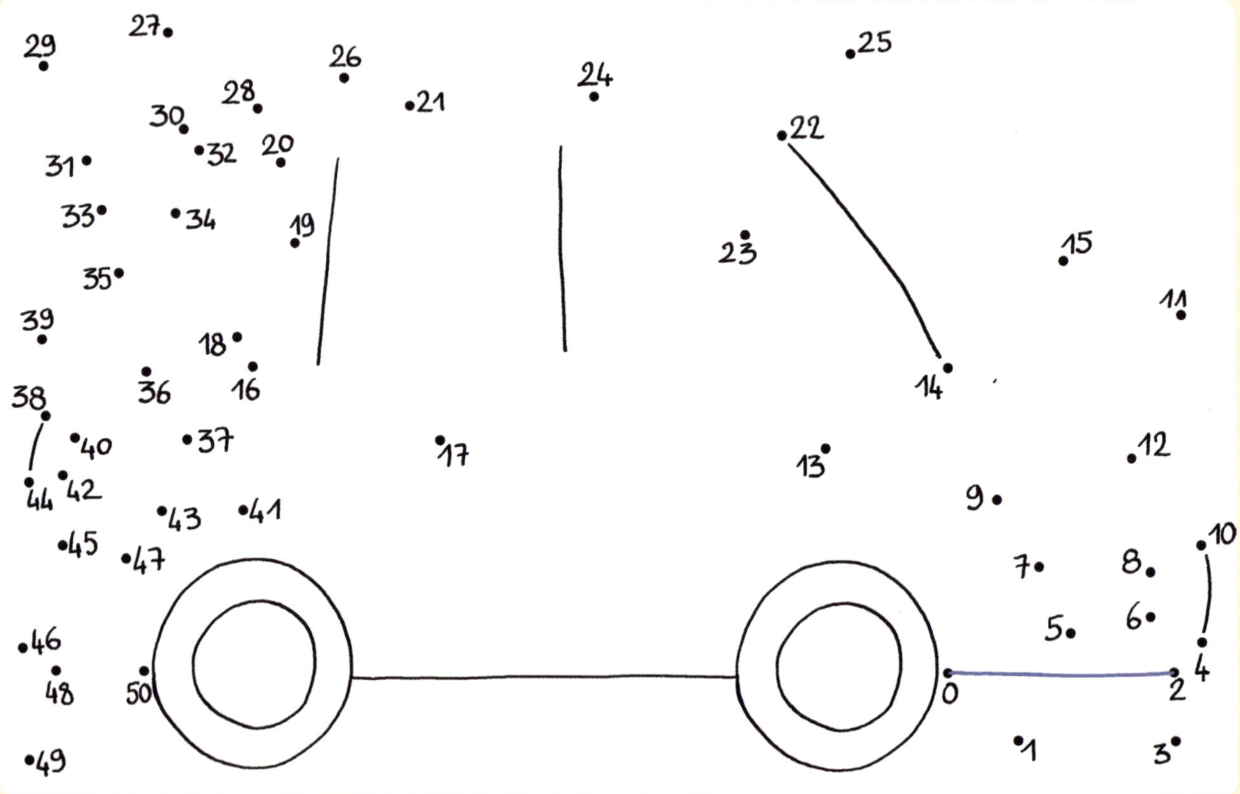

Impairs Relie les nombres impairs du plus petit au plus grand.

Coloriage magique

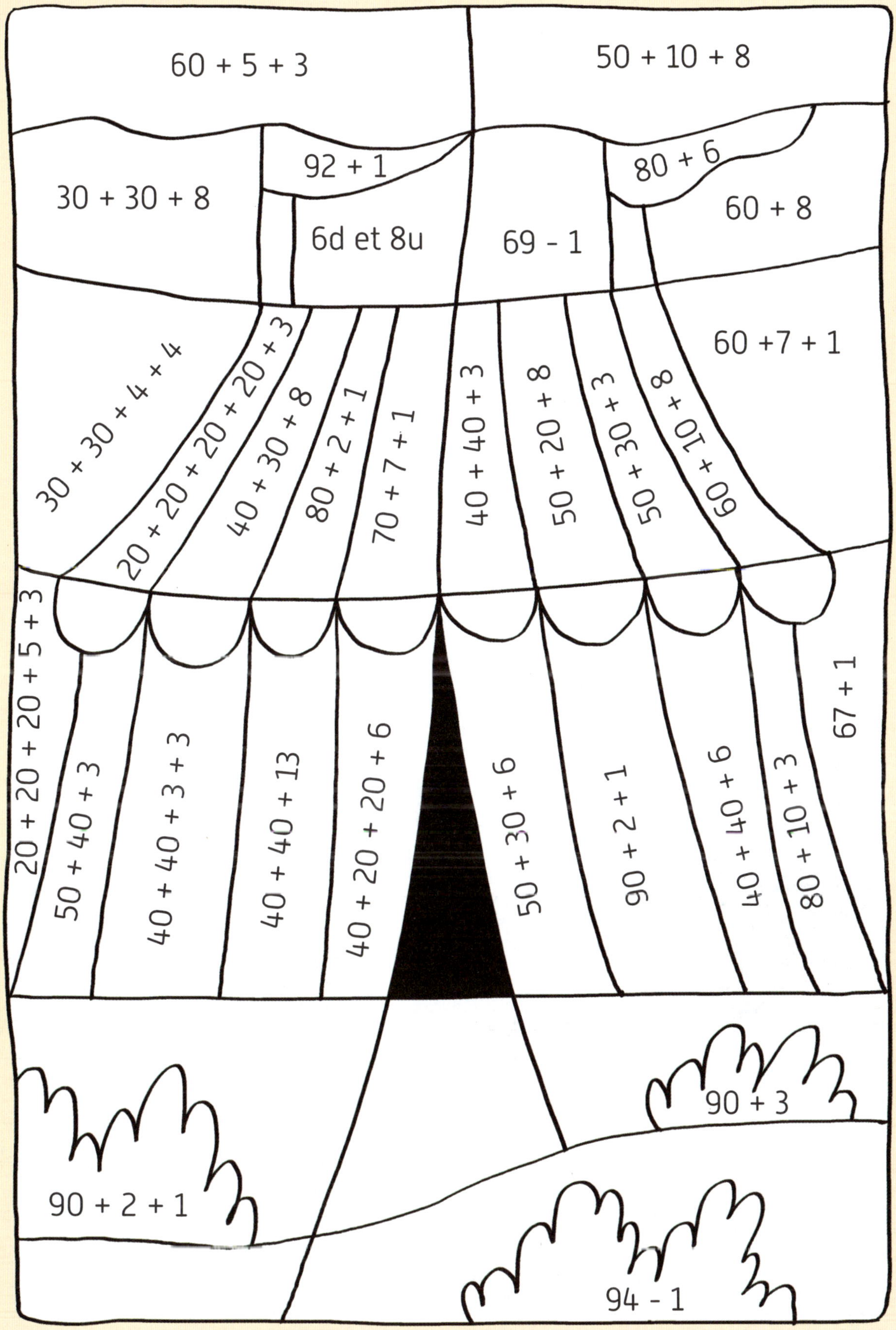

68 86 78 83 93

Conception de couverture : Isabelle Southgate
Conception de maquette intérieure : Marie-Astrid Bailly-Maître
Mise en pages : Domino
Infographie : Domino

Relecture pédagogique : Delphine Cuny, Stéphanie Massé, Séverine Robin
Relecture typographique : Amélie Clément-Flet
Responsable d'édition : Isabelle Ravilly
Édition : Marion Jacquemart

Achevé d'imprimer en février par Canale en Roumanie
Dépôt légal : Février 2016 – N° d'éditeur 2016_0026

PEFC
PEFC/01-31-246
Certifié PEFC
Ce produit est issu de forêts gérées durablement et de sources contrôlées.
www.pefc.org

Planche 1

Les cartes à points

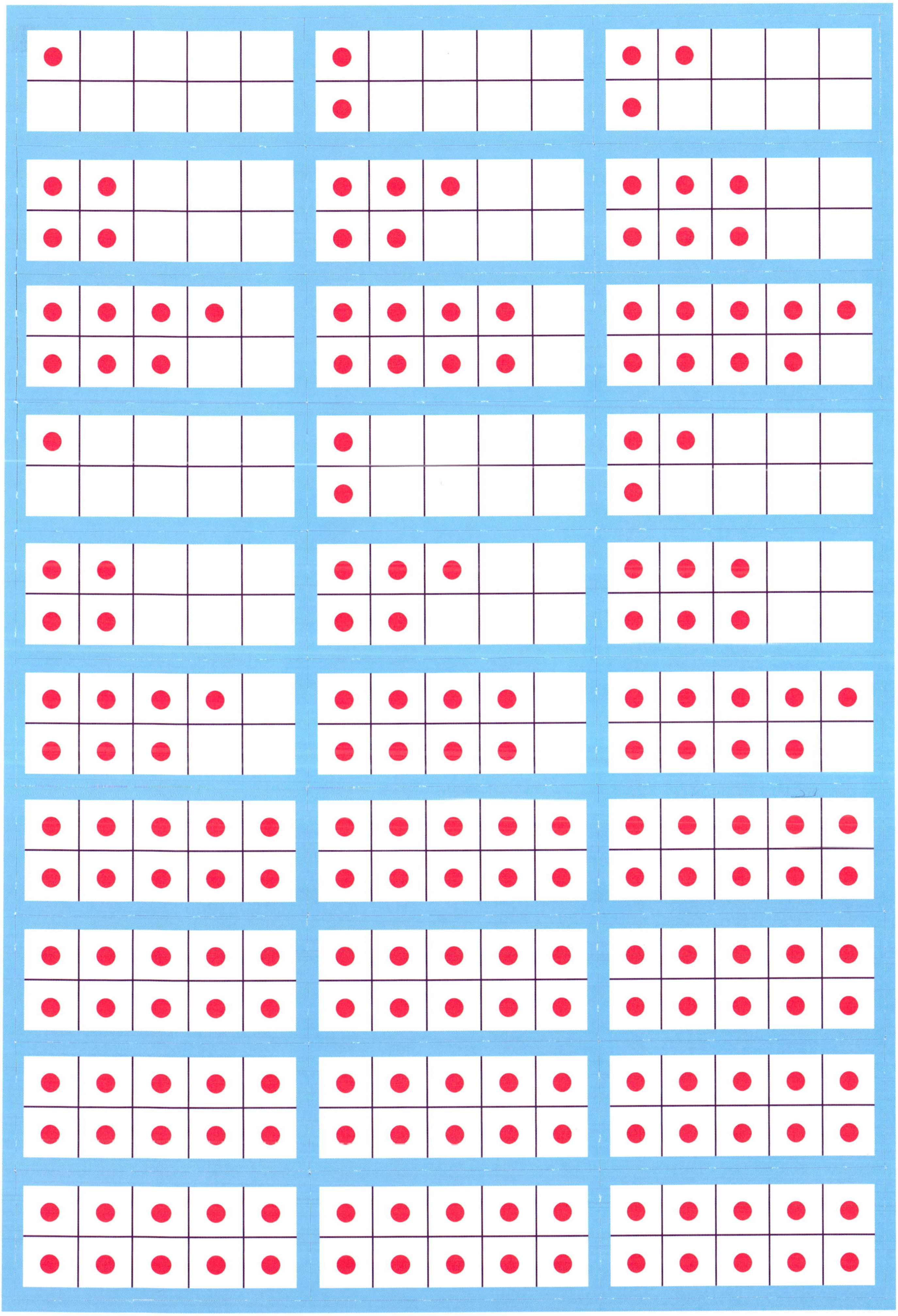

1 dizaine	1 dizaine	1 dizaine
1 dizaine	1 dizaine	1 dizaine
1 dizaine	1 dizaine	1 dizaine
1 dizaine	1 dizaine	1 dizaine

Planche 2

La monnaie

La date

Lundi

Mardi

Mercredi

Jeudi

Vendredi

Samedi

Dimanche

1
2
3
4
5
6
7
8
9
10
11
12
13
14
15
16
17
18
19
20
21
22
23
24
25
26
27
28
29
30
31

Janvier	....	2017
Février	....	2018
Mars	....	2019
Avril	....	2020
Mai	....	2021
Juin	....	2022
Juillet	....	2023
Août	....	2024
Septembre	....	2025
Octobre	....	
Novembre	....	
Décembre	....	

.... / .... / ....

Bandes unités

55 mm

55 mm

25 mm

25 mm

Planche 4

L'horloge

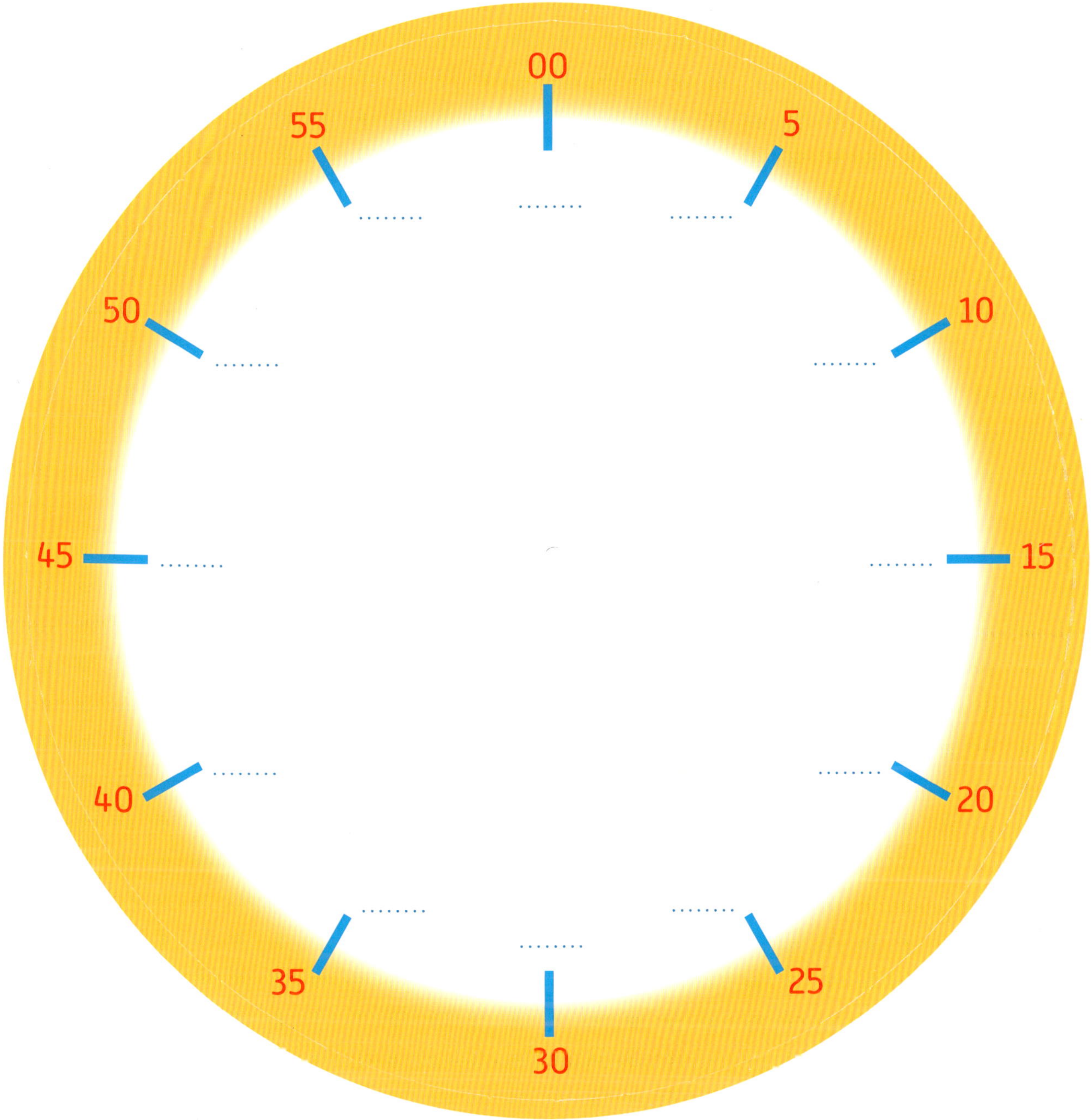

Puzzle géométrique